SOUVENIRS INTIMES.

Sceaux. impr. E. Dépée.

NOUVEAUX
SOUVENIRS INTIMES

DU TEMPS

DE L'EMPIRE

PAR

EMILE MARCO DE SAINT-HILAIRE.

L'UN DES RÉDACTEURS DU *SIÈCLE.*

4

PARIS,

DUMONT, ÉDITEUR,

PALAIS-ROYAL, 88, AU SALON LITTÉRAIRE

1840.

INTRIGUES ET TRAHISON.

— SUITE. —

IV

Fouché disait toujours ce qu'il voulait dire ; mais il n'était pas, à beaucoup près, toujours bien inspiré. Depuis long-temps il affectait un grand cynisme de langage, même dans son propre salon ; il appelait cela mettre tout le monde à son aise. Il n'y avait que lui qui s'y mît. On se gardait bien de l'imiter, il y avait trop de contre-police; Fouché se croyait invulnérable. Depuis l'épisode de la montre du comte d'Otrante, le questionneur Pâques et son maître ont toujours été pour moi insépara- bles. La princesse de Vaudemont avait bien raison. La fouine a l'air doux, même un peu rieur, et pourtant c'est une bête cruelle ; de là, en me re- portant aux cruautés du proconsul de Lyon, qui, comme on sait, continua dans cette ville la moisson sanglante de Collot d'Herbois. Je fus curieux un jour de lire ce que Buffon avait dit de la fouine. Le voici : « La fouine a la physionomie très fine, « l'œil vif, le saut léger, les membres souples, le « corps flexible, tous les mouvemens très prestes. « Elle saute et bondit plus qu'ellene marche... « Elle s'apprivoise à un certain point, mais elle ne « s'attache jamais... »

Le lendemain, le duc d'Otrante me dit qu'il al- lait à Naples *pour faire marcher Murat.*

—Si vous y allez, lui dis-je, il marchera encore moins ; il ne voudra pas avoir l'air d'y être forcé.

—Bah ! bah ! je lui dirai quatre mots, et il fera ce que je voudrai.

— Vous le trouverez bien entouré.

— Ah ! oui, de ses ministres ; ils veulent de l'indépendance pour leur pays. Ils en sont encore là. C'est mon fort, à moi ; je leur en dirai là-dessus plus qu'ils n'en savent. J'ai encore dans ma tête tous mes discours de la Convention sur ce chapitre. Oh ! je leur en donnerai plus qu'ils n'en voudront ; j'en sais plus long qu'eux, ils le verront : je les mènerai tous, y compris leur roi, par le bout du nez.

—Vous ne connaissez pas les Italiens ; il ne faudrait pas leur dire ce que vous disiez dans votre salon de police. Vous passez pour vous moquer de tout le monde : ils le savent, et seront en garde contre vos discours. Et puis, indépendamment des nationaux, vous trouverez encore certains étrangers.

— Est-ce que c'est bien vrai? Le bonhomme Miollis n'y croit pas; mais cela ne prouve rien. Je ne pense pas, au reste, que Murat me fasse dîner avec eux.

— Non, sans doute; mais ils l'auront vu avant le dîner, et ils le reverront après.

— A mon arrivée, ces gens-là disparaîtront; je dirai à Murat de les chasser.

— Il s'en gardera bien; il craint d'être chassé par eux. Il y a environ deux ans que cela dure.

— Oui, il est vrai que Murat a quitté un peu brusquement la Russie; mais depuis il est allé se battre comme un lion à l'armée de l'empereur.

— Il s'est battu comme il se bat toujours; c'est le plus brave soldat de l'armée. Les combats, voilà son élément: il n'en devrait jamais sortir; mais il a aussi un peu brusqué la retraite de Leipzick.

— C'est vrai.

— Et il est revenu à Rome *incognito* et sans s'arrêter.

— Comment! il n'a pas vu Miollis?

— Personne, et ce n'est qu'à Velletri qu'il a dit aux gendarmes qu'il allait repasser bientôt avec soixante mille hommes pour jeter les Autrichiens dans la mer.

— Dieu le veuille ! Si l'empereur m'avait seulement chargé de lui donner un beau sabre de bataille, et de lui dire : *Je compte sur toi*, Murat aurait baisé le sabre en pleurant, et serait parti de suite pour rejoindre le vice-roi. N'importe, je m'en charge. Je serai demain à Naples, et d'aujourd'hui en huit, Joachim passera ici avec tout son monde.

Six jours après le duc d'Otrante était de retour.

— Je vous l'avais bien dit, directeur, le roi de Naples sera ici lundi. Tout est arrangé ; ses bagages sont en route. Je l'ai trouvé ce qu'il est ; toujours prêt à se faire tuer pour l'empereur.

— Je sais que les bagages du roi arrivent demain ; mais lui ?...

— Je vous dis qu'il sera ici lundi. (C'était un vendredi que Fouché était revenu.)

— Tant mieux, repris-je ; mais je ne le croirai que quand je l'aurai vu.

— Il faut que vous soyez bien entêté ; je vous dis que le roi m'a dit de l'attendre ici lundi prochain.

— Vous avez dîné mercredi chez Murat, monsieur le duc ?

— Oui, c'est vrai.

— Et après le dîner, une fois rentré dans le salon,

vous avez eu une longue conversation, dans une embrâsure de fenêtre, avec le duc de Campochiaro, ministre de la police, et avec M. Zurlo, ministre de l'intérieur, et surtout avec celui qui n'est pas, dit-on, aussi facile à manier.

— C'est encore vrai ; qui vous a dit cela ?

— Mes voyageurs gratuits, qui étaient aussi dans le salon, apparemment ; car, moi, je n'y étais pas.

— Oh ! oui, j'ai coulé à fond toutes les questions de ce *Zurlo ;* c'est un vrai niais. Il a voulu disputer avec moi ; mais je l'ai bien vite réduit au silence.

— Sans doute, mais pendant que vous battiez les ministres du roi, savez-vous ce que le roi disait, accoudé sur le marbre de la cheminée ?

— Qu'est-ce qu'il disait !

— Il disait : *Fouché a raté sa mission !...*

— Ce n'est pas vrai, c'est impossible.

— Cela est vrai, monseigneur. Au surplus, à lundi.

— Oui, à lundi. On vous a fait un faux rapport ; cela m'arrivait sans cesse.

— Malheureusement j'ai des raisons qui m'obligent à croire que celui-ci est véritable.

Lundi arriva. Le roi ne venait pas ; le duc d'Otrante était sur des épines. Je ne le quittais pas.

Tout Rome savait qu'il avait annoncé l'arrivée du roi pour ce jour-là. Les bagages de Murat encombraient les routes ; une partie de sa maison d'honneur, arrivée successivement, semblait l'annoncer à chaque instant. Toute la population était dans les rues avec une impatience de curiosité difficile à concevoir, quand on ne connaît pas les Italiens et surtout ceux de Rome. Cinq mille hommes des troupes napolitaines étaient déjà logés chez les bourgeois. Les Romains désiraient la venue du roi, pour le voir arriver d'abord et ensuite partir avec ses soldats. Il n'y a pas d'antipathie comparable à celle qui existe entre les Napolitains et les Romains. Les murs de la ville étaient couverts, chaque nuit, de ces deux mots : *Cafoni Napolitani! Cafoni* est une injure populaire à l'usage des Romains contre leurs voisins de Naples. Ce mot n'est pas italien, à moins qu'il ne vienne de *caffo*, dont *caffone* serait l'augmentatif, d'après l'usage de la langue; alors il signifierait, par une sanglante ironie, *très incomparable, au-dessus de toute parité.* Je demandai à un habitant ce que ce mot exprimait réellement pour lui. Il me répondit par une kyrielle de mots injurieux dont les plus doux étaient *lâche* et *infâme.* Fouché ne savait plus comment se conduire entre nous, qui avions reçu ses confidences sur le succès de sa course à Naples, et entre les habitans que l'aventure de la cour impériale et celle de la montre de son fils n'avaient pas favorablement disposés en sa faveur, ce qui le rendait plus qu'inquiet. Les circonstances devenaient graves

pour lui ; sa présence à Rome était un hors-d'œuvre, et il s'exagérait peut-être aussi l'attention dont
il se croyait entouré. En homme habile, il se tira
d'affaire, aux yeux du public, par une contremine
qui dérouta l'opinion de la multitude, la seule qui,
avec raison, devait l'occuper ; car, pour nous, il ne
pouvait nous craindre. Il fit donc bonne contenance
pendant trois jours encore, temps calculé pour envoyer un courier au roi et en recevoir une réponse.
Celle-ci arriva de fait, et il ne m'en confia pas le
contenu ; mais à la réception de cette lettre, qu'il
dit être du roi, il annonça que le départ de sa majesté était différé de quelques jours, et qu'il avait
pour instruction d'aller l'attendre à Florence. On
s'arrangea pour le croire et surtout pour le faire
croire, afin d'entourer son départ d'une sorte de
sécurité morale.

— Eh ! bien, monseigneur, lui dis-je, vous allez
à Florence et vous faites bien ; mais vous savez
aussi bien que moi, et mieux que moi, que vous

ne reverrez plus, en France du moins, sa majesté le roi de Naples.

— C'est convenu, me répondit-il, je vais l'attendre chez la grande-duchesse.

Fouché partit pour Florence... il revit Murat à Bologne... Je dirai plus tard quels furent leurs derniers rapports... mais je dois me hâter de révéler que ce qui n'était pour nous, à Rome, qu'une mystification dont Fouché nous paraissait être la dupe et l'artisan, ou l'un de ces artifices qu'en désespoir de cause un fourbe, trompé dans son attente, jette à la curiosité qui l'obsède, couvrait la trame la plus machiavélique qui ait jamais été ourdie contre la France et contre Napoléon, et qui, l'année suivante, fut reprise avec la même impudence et le même succès par le même homme ! On va connaître, par le chapitre suivant, la double et ténébreuse intrigue dont l'Italie fut le théâtre et la France la victime.

V

Pendant son gouvernement d'Illyrie, le duc d'O-
trante avait entretenu avec M. de Metternich une
correspondance aussi secrète qu'active, dont le
thème était la perte de Napoléon. Lorsque par suite
des événemens militaires, il dut abandonner l'Illyrie, Napoléon ne voulant pas que cet homme, dont
il se méfiait toujours depuis les affaires de la Bel-

gique et de Londres en 1809 et 1810, complotât à
Paris, pendant qu'il se battait pour la France ; et
justement alarmé d'ailleurs par la correspondance
du vice-roi et la mienne, de l'attitude plus que douteuse du roi de Naples, à qui il avait donné ordre
de se joindre au prince Eugène, pour refouler l'in-
vasion autrichienne, Napoléon, dis-je, prescrivit à
Fouché de se rendre à Naples, pour décider Joachim à rentrer franchement et sans délai dans la
coalition de famille contre la coalition étrangère.

Le duc d'Otrante s'était hâté d'accepter une mission qu'il pouvait rendre si funeste à celui qui la
lui donnait, et si favorable aux intérêts de son cor-
respondant à Vienne. Il était donc parti et avec la
lettre de Napoléon qui le chargeait de ramener
Murat sous le drapeau de la défense française, et
avec les instructions de Metternich, dans le but de
rattacher ce prince à l'attaque européenne. Cette
double mission ne pouvait être confiée à un homme
plus capable de la remplir, en raison de la duplicité

de son esprit aventureux, de sa haine personnelle contre l'empereur, et de sa passion invétérée pour l'intrigue. Entre Napoléon et Metternich, le choix ne pouvait être douteux pour Fouché. Il arriva donc à Naples, où le roi *seul* était encore incertain ; mais, en vingt-quatre heures, Fouché triompha de cette indécision, qui était malheureusement le défaut capital de Murat, toujours prêt à se faire tuer pour Napoléon quand il le voyait, toujours prêt à se révolter contre lui dès qu'il en était éloigné. Fouché lui garantit, de la part de l'Autriche, deux choses qui le décidèrent ; l'une était la conservation de sa couronne, l'autre la condamnation de Napoléon. Ainsi, à Rome et à Naples, où la foule ignorait ce qui se passait derrière la toile, la mystification était double et complète, tant celle que proclamait Fouché sur la réunion actuelle de l'armée napolitaine à l'armée du vice-roi, que celle que Murat avait improvisée de son côté, en disant que Fouché *avait raté sa mission!* Quant à la supposition de l'ajournement du départ du roi pour Rome et pour son armée, elle valait celle du rendez-vous donné par ce prince au duc d'Otrante, à Florence, chez la grande-duchesse. Il eût fallu une intelligence vraiment infernale pour deviner une perfidie si compliquée!

Le général Miollis, le préfet de Rome, les généraux et moi, nous eûmes donc l'honneur d'être complètement joués par Fouché, qui, sans doute, riait bien autant de notre crédulité que du succès de sa trahison, et le loyal Miollis ne crut, lui, à la défection de Murat, que le 19 janvier 1814, quand, par ordre de l'empereur, il alla noblement garder et défendre, dans le fort de Saint-Ange, les pénates militaires du gouvernement de Rome.

Il était temps de leur donner cet asile.

« En effet (ai-je dit dans mon *Histoire de Na-* « *poléon*, t. IV, p. 185), le 6 janvier 1814, le roi « de Naples signe un armistice avec l'Angleterre; « le 16, un traité d'alliance offensif et défensif avec « l'Autriche! En vertu de ce traité, 30,000 Napo-

« litains doivent marcher contre la France ! Ces
« étranges conventions, conseillées par les passions
« privées, par les haines implacables des obscurs
« amis de Murat, entraînent la perte de l'Italie, et
« vont devenir une des principales causes de la chute
« de l'empire français ; elles ferment au vice-roi
« la route de Vienne, qu'une bataille combinée avec
« le roi de Naples lui aurait infailliblement ouverte. »

Non, non, Fouché n'avait pas *raté sa mission !*
Il la continua à Modène, où il alla, dit-il dans ses
mémoires, « *conférer secrètement avec Murat.* »
« Il hésitait encore », ajoute-t-il, je lui commu-
niquai mes nouvelles de Paris les plus récentes :
déterminé par leur contenu, il me confia son projet de proclamation, ou plutôt la déclaration de
guerre, pour laquelle j'indiquai quelques change-
mens qu'il adopta.

« Soldats, aussi long-temps que j'ai pu croire que
« l'empereur Napoléon combattait pour la paix et
« le bonheur de la France, j'ai combattu à ses cô-

« tés; mais aujourd'hui il ne m'est plus permis de
« conserver aucune illusion. L'empereur ne veut
« que la guerre. »

Or, dans ce moment l'empereur quittait Paris,
sa femme et son fils, pour aller en campagne défendre la capitale, le foyer commun de Murat et de
Fouché.

« Je trahirais les intérêts de mon ancienne patrie,
« ceux de mes États et les vôtres, si je ne sépa-
« rais pas sur-le-champ mes armes des siennes,
« pour les joindre à celles des puissances alliées,
« dont les intentions magnanimes sont de rétablir la
« dignité des trônes et l'indépendance des nations...
« Soldats! il n'y a plus que deux bannières en Eu-
« rope : sur l'une, vous lisez : « Religion, morale,
« justice, modération, lois, paix et bonheur! » Sur
« l'autre : « Persécutions, artifices, violences, ty-
« rannie, guerre et deuil dans toutes les familles.
« Choisissez. »

On voit que Murat ne pouvait appeler un meilleur collaborateur pour sa proclamation. Ce qui suit est un fait d'une autre espèce, qui montre le duc d'Otrante sous un nouvel aspect. C'est toujours lui qui parle :

« J'eus aussi à traiter avec Murat d'une affaire
« particulière qui touchait mes intérêts : j'avais à
« réclamer, comme gouverneur - général des États
« romains, ensuite de l'Illyrie, un arriéré de trai-
« tement qui s'élevait à la somme de **17,000** francs.
« Le roi de Naples s'était emparé des États romains
« et des revenus publics ; à ce titre, il devait acquit-
« ter ma créance. Il en donna l'ordre. L'exécution
« souffrit quelques retards ; néanmoins, avant de
« partir pour l'Italie, *je puis dire que je n'y avais*
» *pas fait la guerre à mes dépens.* »

Cette imprudente facétie d'une insatiable avidité, prouve suffisamment l'imperturbable présence d'esprit qui ne cessa de caractériser Fouché dans toutes les phases de sa vie, au sein des prospérités et des adversités publiques, où constamment il se présentait comme héritier.

J. DE NORVINS,

Ancien directeur-général de la police dans les États-Romains.

LES VINGT FRANCS DE L'EMPEREUR.

J'ai salué trois fois le rocher de bitume et de lave né au sein de l'Océan dans une terrible éruption volcanique.

Il y était encore, lui, lorsque toutes voiles dehors, le navire cingla devant l'île anglaise devenue depuis le phare désiré de toutes les nations.

—Terre! terre, cria la vigie. Ce fut comme une secousse de la pile de Volta. Par un seul mouvement, toutes les têtes se tournèrent contre l'horizon, les yeux se fatiguèrent à creuser l'espace, les cœurs battirent d'impatience, les lèvres murmurèrent, un seul nom retentit, un nom sonore, éternel, grand comme le monde ; et quand se fut dressé sur les flots silencieux le plus haut piton du cercueil funèbre, tous les fronts s'inclinèrent, les yeux se voilèrent de larmes, et l'on se serrait la main doucement comme feraient des amis allant visiter un ami à l'agonie.

Des nuages cuivrés se promenaient comme un linceul de mort sur l'île solitaire. Plus heureux que nous, ils revenaient sur leurs pas poussés par le tourbillon, et de temps à autres des ombres gigantesques voilaient les mornes et les côtaux, comme pour prédire une catastrophe. On eût dit des fantômes menaçans. Ceux d'entre nous qui connaissaient l'histoire par les faits, croyaient voir les ombres des empires qu'il avait détruits et relevés ; et le choc de ces nuées lançant la foudre, simulait à merveille celui des escadrons qui se heurtaient terribles dans la mêlée, alors qu'il avait dit : *En avant!*

Le silence le plus religieux régnait à bord ; la lame

vagabonde bruissait autour de nous comme un soupir douloureux; et, dans la silhouette de chaque
roche, dans le contour douteux de chaque arbre
dominant le sol, l'on croyait voir le géant immortel
que l'univers prosterné nommait Napoléon !

Quelques matelots en parlèrent.

—Ce n'est pas lui, dit une voix rauque sortant
d'une poitrine velue.

—Comment le sais-tu?

—C'est qu'il est immobile.

—Il me semble, cependant, que je le distingue
là-bas, là-bas, les bras croisés.

—C'est ça, les bras croisés, comme s'il n'avait
jamais rien fait. Jérôme, tu ne sais ce que tu dis.

—Si, car pour peu que le livre ousque j'ai appris à lire n'ait pas menti, il courait avec sa tête cent
milliards de fois plus vite que toi avec tes jambes de
cerf, et un million de fois plus vite que le navire
avec ses grandes ailes de toile.

—Cré mille bombes ! que tu as bien lu !

—Dis donc, Pierre, tu jures toujours par les

bombes et jamais par les sabords. Pourquoi ça, puisque tu navigues sur le plancher mobile!

—Parce que j'ai été long-temps pousse-caillou, comme vous dites vous autres, avant d'être mangeur de requin.

—Et tu as vu cet homme?

—J'ai vu ce Dieu.

—Aux pyramides, quand vous l'avez nommé Petit-Caporal?

—Tu es un drôle; il n'était là encore que général en chef. Nous lui avons f.... les sardines du caporal après Austerlitz, dès qu'il eut démoli les autres.

—Tapait-il dur?

— Il faisait taper; mais quand il disait: « Tape! » l'ennemi assistait à un fameux feu d'artifice. Quelles chandelles!

—Romaines.

—Romaines, autrichiennes, anglaises, russes et prussiennes.

—Tout de même, ça devait être bien beau! ça me fait avoir froid par tous les membres.

—Eh bien ! à nous, ça nous faisait chaud. Vive l'Empereur !

—Qui a crié vive l'Empereur? dit le commandant?

—Moi, répondit Pierre Durand, en se posant avec fierté, et la main à la hauteur du front.

Tu resteras à fond de cale pendant quarante-huit heures.

Pierre s'élança par-dessus le bastingage. Une embarcation fut mise à l'eau. Elle atteignit le vieux soldat qui nageait vers le rocher sacré ; au moment où le brave déserteur mit le pied sur le navire, il s'écria de nouveau : Vive l'Empereur !

—Je m'en f.... j'ai bu de l'eau qu'il a vue, de cette eau qui a peut-être lavé ses pieds. Et ils disent qu'elle est salée ! Mille baïonnettes ! ils ont menti ! c'est meilleur que le liquide rouge du Rhin. Je n'ai rien, absolument rien : eh bien ! je donnerais dix fois plus, pour toucher seulement du pied cette île maudite et vénérée. Voyez-vous, poursuivit-il, en s'adressant aux gabiers qui l'entouraient, cet homme là aurait pris, du pont, un ris au grand perroquet.

—Quels bras !

—Je crois bien, puisque de Paris il s'emparait de Moscou. J'étais près de lui aux Pyramides, quand il nous dit que de la flèche de ces tombeaux *quarante mille siècles* avaient l'œil ouvert sur nous. Il était près de moi quand il nous dit aux Alpes, en parlant de Würmser qui faisait rage parce que nous l'avions enfoncé : Ce grand diable est comme nos tambours ; plus il est battu, plus il fait de bruit. J'étais près de lui à Wagram, quand il nous dit : Saboulez-moi ces gaillards-là ! Quel style que celui de ce luron ! Il était près de moi à Moscou, quand il nous dit : Rasez-moi ces barbes rousses ! J'étais près de lui, à la Bérésina (chien d'abbé va !)

—J'en ai entendu parler.

—Mes enfans, nous dit-il, souflez dans vos doigts. Il était près de moi...

—Ah ! ça, dis donc, il paraît, Pierre, que vous étiez inséparables ?

— Comme tu dis. Mais puisque j'ai vingt-quatre

—Ça va sans dire... Et pourtant... j'en étais !

—Et lui ?

—Toujours à Sainte-Hélène.

—Vive l'Empereur ! !

C'était le brave colonel Labrosse, officier de la garde impériale, que nos réactions politiques avaient jeté sur ces terres lointaines.

Nous cinglâmes vers l'est, après une courte relâche ; nous mîmes le cap sur l'île de France que nous ont volée les Anglais. Nous visitâmes ensuite Bourbon et les riches plantations de cannes à sucre, qui appauvrissent aujourd'hui la colonie. Là, comme ici, la figure du grand capitaine décorait tous les murs dans les beaux hôtels, dans les mesquines habitations, ainsi que dans les cases des noirs.

Vint le tour des Indes et des îles asiatiques, La hutte des sauvages gardait la figure vénérée de l'Empereur, soit comme relique, soit comme fétiche ; et plus loin encore, à cette île tachée de sang, où périt un des premiers navigateurs du globe, nous vîmes souvent le portrait de Cook en regard de celui de Napoléon, tandis que Tamahamah, le prince adoré de cet archipel, osait, dans son orgueil sauvage, se faire appeler *le Napoléon de la mer du Sud.*

Cependant, après avoir visité ces masses imposantes de lave qui appuient leurs pieds au fond des abîmes, et dressent leurs têtes neigeuses bien au-dessus des nuages, nous touchâmes à la Nouvelle-Galle du Sud, si voisine de l'antipode de Paris. Le retentissement du nom immortel s'y était fait sentir : à l'extrémité du diamètre il n'avait rien perdu de sa force, rien de sa puissante magie; et Napoléon était là, grand comme à dix pas de son berceau.

Nous revîmes l'Atlantique, après avoir traversé d'un seul trait le vaste océan austral. On va vite et loin quand la courtoisie de l'ouragan vous jette ses bruyantes haleines. Aussi cherchâmes-nous bientôt à l'horizon, l'île sainte d'où nous avions été une fois déjà brutalement chassés.

La voilà, et la tempête mugit toujours, le rocher se dessine dans toute son âpreté. Mais, sous le vent, nous trouvons un abri tutélaire ; nous laissons tomber l'ancre et nous nous reposons paisibles, tandis que le navire frétille long-temps encore sous la dernière bouffée qui l'a saisi.

Une embarcation vint à bord, on traita du salut. Un salut à Hudson-Love ! La mitraille et non la poudre à ce hideux geôlier, à cette nature de tigre et de renard, qui ne respire que l'air volé au prisonnier !

Nous fîmes de l'eau sous la garde d'une vingtaine de soldats anglais, que nulle offre n'aurait pu séduire, et pourtant au moment du départ, un de nos hommes manquait à l'appel, c'était Pierre Durand.

Tandis que nous luttions contre le ressac qui mettait parfois l'embarcation en péril, Pierre s'était engouffré dans une lame creuse ; puis, sortant à peine la tête du fond de l'eau, il avait interrogé d'un œil inquiet l'attitude de la garde attentive au danger que nous courrions ; et, tantôt jeté sur la grève, tantôt ressaisi par la vague, il avait doublé une pointe où il était parvenu à se cacher.

Je m'étais aperçu de son absence, je l'avais dit

au maître; et celui-ci, afin de ne pas éveiller les soup-
çons, faisait, d'après nos conseils, vider les barri-
ques déjà pleines et les envoyait remplir une seconde
fois.

La nuit approchait, nous allions enfin prendre le
large et déraper, quand le grand canot donna de la
bande.

—C'est moi, dit une voix sortant de l'eau. C'est
moi, donne-moi la main, ou je plonge.

Et cette main s'accrochait au bord. Durand fut
hissé sans être aperçu des Anglais.

—D'où viens-tu ?

—Attendez, attendez. Laissez-moi du repos,
laissez-moi respirer; j'étouffe... j'étouffe.. de joie
et de fatigue.

—D'où viens-tu ?

—De là-bas.,. je l'ai vu, je l'ai vu !... Je lui ai
parlé, il m'a reconnu, il m'a appelé par mon nom.
Je suis riche maintenant.

—Il t'a donné de l'or ?

—Oui, une fortune.

—Des millions !

—Un louis... c'est-à-dire un Napoléon de vingt francs.

—Tiens, m'a-t-il dit, prends le en souvenir de moi : c'est l'aumône que je mets tous les jours dans ma poche pour la main d'un ami que je pourrais trouver sur mon chemin. Il y a long-temps que je la garde.

—C'est trop, mon Caporal, mille fois trop ; cette pièce d'or vaut des milliards. Je ne m'en dessaisirai de ma vie.

Il s'en est allé en me disant :

—Va-t-en aussi, car il pourrait nous arriver malheur à l'un ou à l'autre. Et me voilà ! et je me f.... des arrêts, et des coups de corde, et du commandant, et de vous aussi, monsieur Arago. J'ai vu mon Empereur, j'ai vu mon général, mon caporal ! et vive l'Empereur !...

Durand était presque fou, et je regrettais, moi, de ne l'avoir pas suivi.

—Ce n'est pas le cœur qui vous a manqué, me

dit-il ; mais, pour y aller, il faut savoir nager, et vous êtes un vrai plomb.

Deux ans après, je visitai l'ouest de la France. En traversant, à Bordeaux, les allées d'Albert, je me mêlai à un groupe de curieux qui entouraient un mendiant adossé à un arbre. Il était pâle, maigre ; il venait de tomber d'inanition. Je m'approchai pour faire mon aumône. C'était Pierre Durand. Par mes ordres on le transporta à mon hôtel ; et, dès qu'il put me reconnaître et m'entendre :

—C'est toi, mon brave, lui dis-je, tu as donc quitté ton état de matelot ?

—Hélas ! non : c'est lui qui m'a quitté. De retour de là-bas, je fus malade ; on me mit à l'hôpital, et lorsque j'en sortis, j'étais plat comme une morue. On ne voulut pas de moi, on me mit à la porte, et la misère est venue.

Déshabille-toi, Durand, voici un lit dressé pour toi ; nous parlerons plus tard de ton avenir.

En ôtant ses guenilles, Durand laissa tomber quelque chose sur le tapis.

—Qu'est-ce que cela, lui dis-je?

—Un napoléon, parbleu.

—Et tu mourais de faim?

—C'est celui que le Caporal me donna à Sainte-Hélène; on meurt avec ça quand on a été de la garde; et quand on a été de la garde, on ne mendie pas. J'avais faim, j'avais soif; il y a trois jours que je ne me nourris que de ce que je trouve dans les rues : Eh bien! je serais mort avant de toucher à la pièce de vingt francs reçue à Sainte-Hélène.

—Cela est beau!

—Cela est naturel. Deux fois pourtant elle fut bien près de déménager et de courir quatre quarts largue, comme on dit à bord. La première, c'est en passant près du port, à Lorient. Un pauvre matelot, un de mes vieux amis, venait de tomber d'un beaupré sur la cale ; il se cassa la cuisse et s'ouvrit le crâne. Je courus avec les autres, nous le prîmes dans nos bras, nous le portâmes dans un cabaret voisin. Il criait, il marmottait des paroles qu'on entendait à peine... Oh! ma foi, je me laissai attendrir, je demandai pardon à mon Empereur, je pris mon trésor dans mon gousset, je le mis dans la main du pauvre diable. Il ne put la fermer, il était mort.

— Tu avais fait là, mon garçon, une chose généreuse.

— Je n'en sais trop rien. Si je n'avais pas mis la pièce dans sa main, peut-être carguerait-il encore des voiles.

— Continue.

— La seconde fois, c'est vieille mère qui était malade (vous savez que vieux père est tombé à côté d'Augereau, au pont d'Arcole); vieille mère était au lit depuis un mois; ses petites épargnes y avaient passé; les miennes avaient pris le même chemin, et je ne possédais plus que la pièce d'or. Un docteur, qui venait par humanité, s'avise de dire qu'il faut à l'estomac de la malade certaines drogues qui coûtent fort cher. Il me donne un papier et sort. Moi, je ne balance pas; je me rends chez le droguiste, et je présente l'écriture. Le droguiste pèse,

mesure, *enfiole;* et quand il m'eut dit : six francs !...
je tirai en soupirant le jaunet précieux, je le baise
avec des larmes et le jette sur le comptoir.

— Pourquoi ce chagrin et cette colère? me demanda le vendeur de tisanne.

— Parce que.

— J'aimerais mieux une autre raison.

— Eh bien ! c'est que cette pièce m'a été donnée
à Sainte-Hélène par *l'autre !*

Là-dessus, l'*harpocrate*, comme ils disent, saisit
la pièce; ses yeux se mouillent; ses lèvres se cris-
pent, il baise et rebaise la face de notre ami commun, et me dit, en me la rendant :

— Tiens, brave homme, garde ce trésor, dont je
te donnerais cinquante fois la valeur, si tu voulais,
si tu pouvais le vendre. J'étais dans la vieille garde,
vois-tu. Conserve cette relique, et reviens me voir,
si ta mère a besoin de remèdes.

En m'en allant, je crois que je broyais dans mes
mains les doigts de l'*harpocrate.*

Ma mère mourut...... Je me sauvai du pays,

et me voilà, toujours avec la pièce de 20 francs.

— Que feras-tu à Bordeaux?

— Il y a dans le port un navire en partance.

— Tu n'es pas fatigué de la vie de marin?

— Jamais! tant qu'il y aura de la mer entre lui et moi.

Deux mois après cette rencontre, qui me permit d'être utile à un intrépide soldat et un brave marin (comme je voudrais l'être aujourd'hui à deux matelots aimés, qui, depuis, ont long-temps partagé avec moi les fatigues d'un pénible voyage), j'appris qu'une fringante corvette allait bientôt partir de Toulon pour explorer les mers du Japon et de la Chine, ainsi que l'Océan-Austral. J'y trouvai place facilement, car il est des occasions où le zèle tient lieu de talent, l'activité d'intelligence.

Il fut permis, cette fois, de mouiller en face de Longwood, de toucher à Sainte-Hélène, et de saluer la vallée silencieuse.

Ce fut un pèlerinage de tous les jours, une visite sainte, une station pieuse comme en font les pèlerins au sommet du Calvaire... Seulement, là-bas, nul ne sait où est le tombeau de Dieu fait homme, tandis qu'ici on s'agenouille avec confiance sur la pierre qui recouvre les restes de l'homme fait Dieu.

Le lendemain de notre arrivée, un canot cingla de bonne heure vers le navire. Un matelot, à la barre, se levait pour nous saluer, agitant à l'air son large chapeau de paille. Il forçait de rames; il fendait le flot avec la rapidité du goëland, il aborda. Ciel! toi ici, Durand?

— Vous ici, monsieur!

— Oui, moi, que la soif des voyages dévore toujours.

— Et moi, que mon amour pour lui a poussé sur ce rocher.

— Hélas! tu es arrivé trop tard.

— C'est égal, je l'aime mort comme je l'aimais vivant; tous les jours je vais sous les saules dire ma prière, la seule que je sache pour ma mère, pour mon père et pour lui. J'ai retrouvé là-haut, à côté de la maison dont ils ont fait une écurie, un camarade de Wagram. Nous parlons de lui, de Moscou, de Smolensk, et les jours s'en vont doucement.

— Et la pièce d'or?

— Fidèle au gousset, fidèle jusqu'à la mort; c'est mon scapulaire, c'est ma relique! ça ne me quittera qu'à mon dernier jour, à ma dernière heure. Tenez, la voilà.

Durand tire les vingt francs de sa poche, et il lève la main pour les montrer. Son canot, heurtant alors contre le cable, donne une forte bande, le soldat-matelot veut se cramponner à une manœuvre, la pièce d'or tombe à l'eau...

— Avec elle, ou pas du tout! s'écrie Durand en s'élançant dans les flots.

Il disparut.

Penchés sur les haubans, nous étions dans une mortelle inquiétude, et nos plus habiles nageurs se tenaient prêts à voler au secours du brave. Ils interrogeaient d'un œil avide la surface, afin de s'assurer, par le remou, de la place où leur présence serait nécessaire. Rien ! rien encore !... C'était parmi nous un silence de mort.

— Du sang ! du sang !... s'écrie un gabier.

Un instant après, un cadavre montra sa tête ; six hommes s'élancèrent pour le soutenir : on le hissa dans l'embarcation.

Un requin avait coupé la cuisse droite de Durand. On chercha vainement à le rendre à la vie : il avait expiré. En ouvrant une de ses mains fortement serrée, on y trouva la pièce d'or de l'Empereur.

Elle servit à donner une bierre, une croix et une fosse à l'un des débris de la plus vaillante armée du monde.

Si vous allez à Sainte-Hélène, descendez dans la vallée du Géranium, franchissez la grille qui entoure la place où dort l'Empereur, agenouillez-vous sur la pierre où est gravé son nom, abritez-vous sous les saules qui penchent leurs bras flétris en signe de deuil, puis avancez encore, dépassez le monument, accoudez-vous sur le petit mur au pied duquel coule la source dont le noble proscrit ai-

mait à écouter le murmure ; là faites volte-face :
dans le lointain, auprès d'un bosquet d'arbres ap-
pauvris, est la triste demeure témoin de ses tortures ;
à droite, près de la grille, une bâtisse qu'on nomme
la Maison-du-Pâtre , et à gauche, une colline noire
où se dessinent quelques sentiers presque inaper-
çus. Sur le penchant rapide de cette masse de laves,
vous voyez une partie du sol affaissé, c'est une bouche de volcan comblée par des débris de rocs et
des masses imposantes de bitume. A deux pas du
cratère est un petit monticule protégé par une croix
de bois qui s'élève à deux pieds de terre.

Là repose Durand, le soldat dévot au malheur.
Le malheur, comme la peste, a sa contagion. L'aumône du grand homme a donné la mort aux vieux
soldat des Pyramides et de Wagram.

Jacques ARAGO.

KRETTLY.

— NOTICE HISTORIQUE. —

Krettly!... ce nom gracieux d'opéra-comique et
de vaudeville, n'est cependant pas celui d'une ber-
gère valaisanne ni d'une laitière de Chamouny;
Krettly est le nom d'un soldat de la grande époque
impériale, d'un héros complet auquel il ne man-
que qu'un Homère pour être placé au premier rang
dans cette pléiade de braves qui entoura l'étoile de
Napoléon. Parmi les principaux compagnons du

grand homme, les uns ont gagné des batailles, les autres ont conquis des royaumes ; ceux-ci ont ceint leur front victorieux d'un diadème de roi, ceux-là ont placé sur leur tête une couronne de prince, de duc, de comte, de baron ; mais celui dont nous parlons, n'a rien demandé et n'a que bien peu reçu pour prix de ses grandes actions ; et quand son empereur l'eut décoré un des premiers de l'étoile de l'honneur, il crut que la patrie était quitte envers lui.

En passant légèrement sur les premières années de la vie de Krettly, nous dirons que, comme autrefois Duguesclin, il fut écolier fort indocile ; son père, major de musique des gardes suisses de Louis XVI, et des menus-plaisirs de la reine Marie-Antoinette, le fit entrer en qualité de fifre, au régiment de Salis en 1789. Bientôt Krettly, alors âgé de treize ans, passa dans le régiment des gardes françaises, parce que la bastonnade était alors le châtiment militaire à l'ordre du jour dans les régimens suisses, et que ce châtiment avait été effacé du code pénal des gardes françaises.

Le 18 juillet 1792, Krettly prenait place dans les rangs du 104ᵉ régiment d'infanterie, que l'on venait de former des débris de deux autres, celui des gardes françaises et celui des suisses, et il vit le feu pour la première fois à Jemmapes. Le 104ᵉ régiment avait été lancé, par Dumouriez, sur un bois protégé par une redoute qu'occupait l'infanterie hongroise. Pendant l'action, le colonel du 104ᵉ tombe au milieu des Hongrois. « Mes camarades ! crie-t-il à ses soldats, ne me laissez pas mourir à cette place : ce serait une honte pour vous d'abandonner même mon cadavre aux ennemis de la république. » Cette prière avait été entendue de Krettly, que l'odeur de la poudre avait déjà enivré, et, aux dépens de sa vie, il parvint à dégager son colonel, qui rendit du moins le dernier soupir sous le drapeau de son régiment.

Krettly passa ainsi quelques années à l'armée du Nord, préludant par des actes d'intrépidité aux brillans faits d'armes qui devaient plus tard rendre son nom populaire parmi les soldats de la Grande

Armée. Enfin, en l'an vi (1797), il entra en qualité de trompette dans le régiment des guides du
général en chef Bonaparte, qui était alors en Italie.

Revenu en France, Krettly avait pris garnison à
Rouen. C'est là que le régiment des guides reçut
l'ordre de se rendre à Toulon, pour s'y embarquer
pour l'Égypte, sur le vaisseau amiral que montait
le général en chef avec son jeune et brillant état-
major. La musique des guides était excellente. Napoléon, qui connaissait toute l'influence de l'harmonie militaire sur l'esprit du soldat, avait exigé,
bien plus encore par politique que par goût, que
Bessières, qui commandait les guides, apportât
une attention particulière à la composition de cette
partie du personnel. Ce fut pendant les petits con-
certs qui avaient lieu l'après-dîner sur le pont du
vaisseau-amiral, et auxquels le général en chef ne
manquait jamais d'assister, que Krettly fixa pour la
première fois l'attention de Bonaparte. Le jeune
trompette s'était toujours montré d'humeur si jo-
viale, que ses camarades lui avaient donné le sur-

nom de *Bamboche*, suffisamment justifié d'ailleurs par quelques espiègleries de garnison. Ce nom de Bamboche avait fait rire le général en chef, qui dans la suite ne désigna jamais autrement Krettly.

Après la perte de notre flotte, Napoléon avait eu l'idée de visiter l'isthme de Suez, d'examiner les traces de l'ancien canal qui unissait le Nil au golfe arabique et de traverser cette mer. La révolte du Kaire, l'avait surpris dans ce projet qui ne fut qu'ajourné, car au mois de décembre suivant, il le mit à exécution et partit pour Suez, avec quelques savans de l'Institut d'Égypte, plusieurs officiers de son état-major et une compagnie de ses guides, ayant en tête le trompette Krettly. Le général en chef voyageait dans une berline avec son secrétaire intime Bourrienne, Monge et Berthollet; ceux qui l'accompagnaient étaient à cheval. Pendant le premier jour de marche, on avait éprouvé, en traversant le désert, une chaleur insupportable; mais le soir, le froid s'étant fait sentir en raison inverse de la température de la journée, tout le monde en souffrit et s'en plaignit vivement. Cet immense désert, seule route que suivent les caravanes de Suez, du Sinaï et des contrées situées au nord de l'Arabie, voyait, depuis des siècles, périr par une foule de causes tant d'individus qui ne craignaient pas de le traverser, que leurs ossemens semés çà et là sur le chemin, l'indiquaient suffisamment au voyageur assez hardi pour entreprendre un si périlleux voyage. Pour suppléer au bois qui manquait tout-à-fait, Bonaparte eut l'idée de faire ramasser une grande quantité de ces ossemens pour en faire du feu. Monge lui-même fit le sacrifice de plusieurs têtes d'une forme extraordinaire qu'il avait recueillies sur la route, et déposées dans la voiture du général en chef. Lorsqu'il fallut passer la nuit dans le campement qui avait été choisi, à peine cet amas d'ossemens fut-il allumé, qu'une odeur insupportable obligea de lever le camp et de le porter plus en avant, l'eau étant trop rare pour qu'on essayât de l'employer à éteindre ce foyer infect.

Deux jours après, Napoléon et sa petite troupe,

passèrent la mer Rouge à *pied sec*, comme jadis les
Hébreux, afin d'aller visiter les fontaines de Moïse.
La nuit était profonde, lorsqu'on revint au bord
de la mer, et la marée commençait à monter. Il est
présumable qu'on s'écarta un peu de la direction
qu'on avait suivie le matin, car on s'égara. Cependant la marée montait toujours ; déjà les chevaux
avaient de l'eau jusqu'au poitrail. Le désordre se
mit bientôt dans les rangs des guides. Krettly, qui
nageait comme un véritable *poisson rouge*, abandonna sa monture, exécuta une *coupe* classique et
parvint à gagner la baie ; mais en se mettant sur le
dos pour *faire la planche* afin de se reposer un peu,
il aperçut le général Caffarelli, qui démonté, se
débattait à la surface de l'eau et allait périr. Car ce
brave commandant du génie avait une jambe de
bois. Le trompette plonge aussitôt, harponne le
général, et aidé d'un maréchal-des-logis, nommé
Charbonnier, parvient à ramener le général sur la
berge. Cette action généreuse valut à Krettly un
éloge du général en chef, qui dès ce moment,

commença d'apprécier *Bamboche* à sa juste valeur.

Après avoir échappé presque miraculeusement
au danger qu'il avait couru de son côté, Bonaparte
dit tranquillement aux officiers de son escorte :
« Ma foi ! il est malheureux que je n'aie pas péri
comme Pharaon ; tous les prédicateurs de la chré-
tienté n'eussent pas manqué de faire sur moi un
beau texte. C'est une occasion qu'ils ne retrouveront
peut-être jamais. »

En revenant au Kaire, Bonaparte voulut s'assurer par ses yeux, s'il n'y avait pas possibilité d'unir
la mer Rouge à la Méditerranée par un canal. Cette
fois ce fut à cheval qu'il fit cette excursion. Il se mit
en marche, suivi seulement d'un seul piquet de
guides dont Krettly faisait encore partie. Mais toujours disposé à s'aventurer, Bonaparte poussa son
excellent cheval arabe, qui, rapide comme le vent,
laissa bien loin derrière lui l'escorte de son maître.
Cependant, parmi les soldats, deux guides sans
doute mieux montés que leurs camarades l'avaient

suivi : le premier était un brigadier nommé Henry, le second le trompette Krettly. Ils avaient déjà parcouru un espace immense, quand Bonaparte ralentissant un peu l'allure de son cheval, tourna la tête pour la première fois, et se mit à rire en s'apercevant de la disparition presque totale de son escorte : mais il n'en continua pas moins sa course sur le littoral qu'il voulait explorer ; et, après l'avoir parcouru dans toute son étendue, il s'arrêta : le jour était sur son déclin. Excédé de fatigue et succombant sous une chaleur étouffante, il mit pied à terre et s'étendit nonchalamment à l'ombre de deux palmiers, qui formaient sur le sable fin et brûlant un parasol naturel.

— Bamboche ! dit-il alors à Krettly, qui avait suivi l'exemple de son général, j'ai bien faim.

— Vous en avez le droit, mon général, répondit Krettly, qui conserva toujours avec Bonaparte, général ou empereur, son langage pittoresque de soldat. Malheureusement les boutiques de comestibles ne sont pas communes dans ce pays de sauterelles ; quoiqu'il y fasse une chaleur à cuire un bœuf à la grillade, les alouettes n'y tombent pas toutes rôties, comme, au temps du *paganisme*, la manne y tombait dans le bec des Israélites. »

Bonaparte ne put s'empêcher de sourire à ces paroles : « Mauvais plaisant ! dit-il.

— Cependant, mon général, si vous ne vous montrez pas trop difficile sur la nature des alimens, on pourra vous contenter; à la guerre comme à la guerre, en Syrie comme à Pontoise. Henri ! ajouta-t-il en s'adressant au sous-officier qui commençait à s'endormir, mets la table et prépare le couvert, seulement le général se passera de nappe et de serviette. Pendant ce temps, moi, je vais découper le rôti et assaisonner la salade.

Napoléon, qui ne perdait pas de vue un seul des mouvemens de Krettly, se mit à rire de plus belle lorsqu'il le vit tirer de son sac un morceau de jarret de *bourrique*, ficelé dans une musette de toile grossière que ses camarades lui avaient donné en partant de l'isthme de Suez, puis couper proprement ce morceau en deux parties égales, à l'aide de son sabre, *qui*, disait-il, *avait toujours eu un fameux fil*, et présenter gracieusement à Napoléon, un des deux morceaux en lui disant :

— Tenez, mon général, que préférez-vous : l'aile ou la cuisse.

— Gourmand ! répliqua Bonaparte, tout en dévorant avec avidité ce mets grossier, tu manges de la viande sans pain ?

— Pardon, mon général, j'ai du pain.

Et aussitôt Krettly offrit à son général, quelques *paniosques*, petits biscuits arabes.

Bonaparte répéta un instant après :

— La faim s'est un peu calmée, mais la soif a augmenté. Dis-moi, Bamboche, n'as-tu rien à boire ?

— Malheureusement, mon général, je n'ai à vous offrir qu'une seule nature de boisson. Voilà.

Et Krettly avait passé à Napoléon une espèce de blague à tabac faite de peau de bouc, et aux

trois quarts remplie d'une eau saumâtre et nau-
séabonde. Bonaparte la prit avec vivacité, mais
après avoir bu quelques gorgées, il la lui rendit avec
une exclamation de dégoût.

— Ah dam ! excusez, dit Krettly, si je n'ai pu la
mettre à la glace ; je sais que ce liquide ne vaut pas
votre chambertin ; mais du reste, j'ai voulu vous
faire une surprise agréable, en vous gardant pour
le dessert ces quelques gouttes d'aragui.

Cette liqueur est composée avec du miel, des dat-
tes et des oignons du pays que l'on fait distiller.
L'aragui est le cognac d'Arabie.

— Donne vite, dit Napoléon.

Le général en but avec plaisir, après quoi il remonta à cheval. La petite caravane reprit sa marche au galop. Bonaparte ayant ordonné au brigadier
Henri de chevaucher un peu sur la droite pour
s'assurer s'il n'apercevait pas au loin quelques officiers de l'état-major ou des guides de l'escorte,
Krettly resta seul avec lui. La nuit était tout-à-fait
venue.

— Il était temps de songer un peu aux autres, dit avec indifférence le général en chef au trompette ; je les avais tout-à-fait oubliés.

— Si mon cheval et celui d'Henri n'eussent pas été bons coureurs, mon général, vous vous seriez trouvé seul dans ce désert qui ne finit pas.

— Bonaparte n'est jamais seul, même dans le désert ! répondit Napoléon d'un ton d'inspiré.

Comme le trompette ne se sentait pas de force à lutter de mysticisme et de grandiose avec son général, il se contenta d'enregistrer cette belle parole dans sa mémoire, en compagnie de beaucoup d'autres que nous aurons l'occasion de citer dans le cours de cette notice biographique.

Bonaparte retrouva enfin sa suite, qui était fort inquiète de sa disparition. On se félicita réciproquement, et Krettly fut complimenté pour avoir eu le bonheur de s'être égaré en tête-à-tête avec le général en chef.

A quelques jours de là, il revenait tranquillement au Kaire, avec le chef d'escadron Lambert, lorsque tout-à-coup, au détour d'un petit monticule, ils furent chargés par un groupe d'Arabes qu'ils n'avaient pas aperçu. Ces Arabes escortaient un chameau porteur de la correspondance de Circassie, de Syrie et d'Éthiopie. A cette brusque attaque, le chef d'escadron et le trompette, mettent le sabre à la main et font bonne contenance. Krettly, entouré d'Ethiopiens, commence par brûler la cervelle à leur chef, abat ensuite le poignet de celui qui se montre le plus acharné contre lui, sabre à droite, à gauche, d'estoc et de taille ceux qui le pressent trop vivement, met le reste de la bande en fuite; puis s'élançant sur le chameau, qui servait en même temps de boîte aux lettres et de forteresse ambulante à ces maugrabins, étrangle le conducteur qui veut faire résistance, le jette à bas de sa monture et se rend maître ainsi de toute la correspondance officielle et particulière du Levant.

Jamais de mémoire d'Arabe, chameau du désert n'avait été pris d'assaut d'une manière plus prompte et plus étrange; jamais dans un pays, quelque civilisé qu'il fût, correspondance n'avait été aussi lestement confisquée.

Dans cette escarmouche, Krettly reçut deux coups de sabre sur la tête et un coup de lance.

Les hommes d'élite se recherchent et s'attirent : Krettly avait contracté une étroite liaison avec un canonnier des guides nommé Moustache, le même qui plus tard fut premier courrier de cabinet de l'empereur. Ce Moustache était d'une force musculaire si extraordinaire, que moins pour en faire parade que pour égayer ses camarades, il s'amusait par fois, étant de faction, à se mettre au port d'armes avec une pièce de quatre en guise de carabine. Or, un jour que Krettly et Moustache avaient dirigé leur promenade du côté de Ramleh, par un bonheur inespéré, les deux maraudeurs trouvèrent abandonné sur le sable, une dame-jeanne remplie d'un excellent vin de Chypre, et un sac de hèches, espèce de petites pâtes cuites au soleil. Moustache ramasse l'énorme dame-jeanne, et la place sous son bras comme si c'était une simple bouteille de Bordeaux ; Krettly s'empare du sac de hêches , et ils se mettent en route pour le bivouac des guides , avec l'intention de faire un fin souper avec leurs camarades. Mais nos deux gastronomes avaient compté sans leur hôte : chemin faisant, ils se trouvent tout-à-coup face à face avec un chef d'escadron de dragons appelé Barthélemy, et un garde-magasin des vivres de l'armée. Le chef d'escadron les aborde et les toisant tous deux de la tête aux pieds :

« Pillards ! » leur dit-il d'un ton plus que sévère.

Cette apostrophe, qui n'était pas méritée, fait tressaillir Krettly ; Moustache serre plus tendrement que jamais la dame-jeanne sous son bras.

« Pillards ! répète l'officier supérieur, où avez-vous fait cette capture ? Je veux le savoir !

— Commandant, répond Krettly avec beaucoup de calme, nous l'avons trouvée sur le sable, ainsi nous ne l'avons pas *capturée*.

— C'est le refrain habituel des maraudeurs et des *fricoteurs* de l'armée, ajouta le garde-magasin des vivres avec un geste d'incrédulité.

— C'est possible, *M. Riz-pain-sel*, réplique aussitôt Krettly, en regardant de travers le garde-magasin; mais les véritables maraudeurs et les seuls *fricoteurs*, sont ceux qui maraudent et *fricotent* aux dépens des soldats qu'ils laissent *crever de faim.*

— Allons, laissez-là ces provisions, et rentrez au camp, interrompit le chef d'escadron.

— Pardon, mon commandant, si nous ne vous obéissons pas, dit à son tour Krettly, avec tout le respect qu'il devait à un supérieur; cela nous est impossible pour le quart-d'heure : *primò* d'abord, les ordres du jour du général en chef, ne s'opposent nullement à ce que l'on fasse des trouvailles de cette qualité là; et ensuite, comme dit notre porte-étendard, le citoyen Legros, ventre affamé n'a pas d'oreilles.

— Impossible de vous obéir relativement à la chose, mon commandant, répéta Moustache en faisant passer lestement sous le bras gauche l'énorme dame-jeanne qu'il tenait sous le bras droit.

—Ah! vous ne voulez pas obéir! s'écria le chef

d'escadron furieux, c'est ce que nous allons voir ! Et en disant ces mots il tira son sabre.

— Mon commandant, reprit froidement Krettly, en dégaînant contre nous pour une affaire qui ne regarde pas le service, vous nous forcez à nous défendre... Eh bien ! donc, ajouta-t-il en sortant de son impassibilité, si vous tenez tant à la dame-jeanne de Moustache et à mes hêches, il faudra les gagner : c'est maintenant à la force du poignet et au petit bonheur.

Et Krettly avait mis flamberge au vent. Quant à Moustache, jugeant bien que le pire qui pouvait arriver de cette collision, était de faire l'abandon de sa dame-jeanne, il se hâta, avant de la céder, d'avaler quelques gorgées de la liqueur qu'elle contenait. Le garde-magasin tremblait. Heureusement pour tous, les choses ne tournèrent pas au tragique.

—Je te retrouverai, dit le chef d'escadron en lançant un coup-d'œil menaçant au trompette ; et, après avoir remis son sabre dans le fourreau, il continua son chemin avec le garde-magasin.

— Arrive qui plante ! s'écria Moustache.

Rentré au bivouac des guides, Krettly fut placé à la garde du camp, en face de l'ennemi; et lorsqu'on partit pour Jaffa, le trompette fut honteusement mis à pied, en punition de l'insubordination que nous venons de raconter. Par bonheur, le général d'artillerie Duroc, le même qui plus tard fut grand-maréchal du palais de l'empereur, lui permit de monter sur un de ses dromadaires; mais, arrivé devant Jaffa, il fut de nouveau remis à la garde du camp, et cette fois ce fut l'adjudant-major Dalh·mann qui lui infligea cette punition. Le trompette s'insurgea encore ; l'adjudant irrité le maltraita. Le premier, ne tenant aucun compte du respect qu'il devait à l'un des chefs de son corps, se conduisit envers son adjudant-major, comme il l'avait fait à l'égard du chef d'escadron Barthélemy; quelques bourrades furent même échangées entre eux, et Krettly encourut cette fois la peine de mort.

Sur ces entrefaites, l'assaut allait être donné à la ville de Jaffa. Le traitement affreux que les Turcs

avaient fait subir à un parlementaire envoyé par le
général en chef, avait exaspéré l'armée. Après avoir
empalé cet officier, ils lui avaient coupé la tête et
l'avaient jetée par-dessus les remparts. Nos soldats
étaient impatiens d'escalader les murailles pour
venger l'assassinat de leur frère d'armes. Tout le
monde allait prendre part à l'assaut général qui venait d'être ordonné ; Krettly seul, devait rester à
la garde du camp en attendant qu'il fût décidé de
son sort.

« Vais-je donc demeurer ici spectateur du combat, tandis que mes camarades se couvriront de
gloire? se demanda-t-il. Non. Mieux vaudrait cent
fois être fusillé.

Abandonnant son poste aussitôt, il s'élance un
des premiers sur les remparts de Jaffa, avec les 18ᵉ
et 32ᵉ demi-brigades, et armé d'une pioche, il travaille à élargir la brèche déjà faite à la muraille,
en même temps que les Turcs qui se sont réfugiés
dans le château, ne cessent de faire pleuvoir sur lui
une grêle de balles. Le chef de la 52ᵉ demi-brigade ,

témoin de l'audace et de l'intrépidité de Krettly, le fit appeler après l'action et lui dit : « Comment se fait-il qu'appartenant **aux guides du** général en chef, tu sois monté à l'assaut avec mes grenadiers. »

Krettly raconte alors à ce chef de corps, le différend qu'il avait eu avec le commandant Barthélemy, à Ramleh, ainsi que la malheureuse affaire qui en est résultée avec l'adjudant-major de son régiment, puis il ajoute :

—J'ai pensé qu'entre deux genres de mort, celle que je devais subir pour la faute que j'avais commise, et celle que je devais trouver en montant un des premiers à l'assaut, il n'y avait point à hésiter; j'avais préféré cette dernière comme étant plus agréable... mais je n'ai pu me faire tuer... Que voulez-vous, mon colonel, depuis huit jours je n'ai pas de bonheur.

— Je tâcherai d'arranger ton affaire, reprit le chef de la 52ᵉ. En attendant, reste ici avec mes grenadiers.

Un compte fidèle de la conduite que le trompette

avait tenue pendant l'assaut, fut mis sous les yeux du général en chef. Bonaparte donna immédiatement l'ordre de faire rentrer Krettly à son corps; mais auparavant, le chef de brigade Bessières vint le chercher pour le conduire à la tente de Bonaparte.

— Savez-vous, monsieur le trompette, lui dit ce dernier très sévèrement, que vous méritez d'être fusillé, non pour être monté un des premiers sur la brèche (et il appuya sur ces mots), mais pour avoir insulté un de vos chefs!

Krettly baissa les yeux.

— Va! reprit Napoléon en fronçant le sourcil, tu es bien heureux d'avoir acquis la réputation d'intrépide parmi tes camarades, et si je ne te savais tel... ajouta-t-il en le menaçant de l'index.

Napoléon achevait à peine, que l'adjudant-major Dalhmann, qu'il avait fait mander, entra dans sa tente. Une explication des faits tels qu'ils s'étaient passés, eut lieu en présence du général en chef, qui adressa de nouveaux reproches au trompette sur ce qu'il appelait sa maudite tête, et qui termina sa mercuriale en disant : « Allons ! faites des excuses à votre adjudant-major, et qu'il ne soit plus question de rien entre vous.

Dalhmann et Krettly se serrèrent cordialement la main. Krettly, dans la suite, eut le bonheur de sauver cet officier des mains des mamelucks, au combat du Mont-Thabor ; ce combat fut livré au bas de la petite colline de Nazareth, où s'illustra Junot, qui, avec trois cents hommes battit quatre mille Turcs. C'est à cette occasion que Napoléon dit à son aide-de-camp, lorsque plus tard il songea à créer la noblesse impériale :

—J'ai été au moment de te faire duc de Nazareth, au lieu de duc d'Abrantès ; mais j'ai pensé que *Junot de Nazareth*, ressemblerait un peu trop à *Jésus de Nazareth ;* or, je ne veux pas qu'on rie de ce que je fais.

Lorsque le trompette et l'adjudant-major furent sortis de la tente, on entendit Napoléon dire d'une voix animée à ses officiers d'état-major :

—Messieurs, il faut user de ménagemens envers

les soldats de notre armée qui sont souffrans, et surtout ne pas se montrer trop sévère à leur égard, car on ne doit pas oublier que si un Français vaut dix Turcs, un brave tel que Krettly en vaut cent. »

II

Le siège de Saint-Jean-d'Acre fournit à Krettly
l'occasion de réparer dignement la faute qu'il avait
commise. Les Turcs ayant fait prisonnier un bataillon de la 18e demi-brigade, forcèrent nos soldats à boucher la brèche que notre artillerie élar-
gissait à chaque instant. Le général en chef ne voulant pas tirer sur ses propres soldats expédia un
officier en parlementaire à la tour de Tantourah.
Chose qui paraîtra incroyable, vingt-et-un officiers

avaient été envoyés déjà et aucun d'eux n'était revenu ; le vingt-deuxième venait d'être tué en approchant de la tour, et personne ne se souciait plus de se charger du message pour le féroce Djezzar, lorsque Krettly vint s'offrir généreusement d'être le vingt-troisième parlementaire, se flattant d'être, non pas plus brave, mais moins malheureux que ceux qui l'avaient précédé.

Bonaparte fait remettre au trompette un de ces mouchoirs blancs, signe ordinaire que prend tout envoyé, de quelque nation qu'il soit, dans ces sortes de missions. Krettly s'avance en faisant flotter ce guidon improvisé qu'il avait attaché à l'extrémité d'une branche de palmier ; puis, dès qu'il fut parvenu à portée de fusil, il se jeta à plat-ventre et continua de ramper jusqu'au pied de la tour ; là, il se leva et sonna la sommation ordinaire ; mais, pour toute réponse, les Turcs font aussitôt sur lui une effroyable décharge qui coupe en deux la branche de palmier qu'il tient à la main, et qui perce son guidon de tant de balles qu'il ressemble à une dentelle. Après une telle réception, Krettly comprend de reste que les Turcs ne veulent pas entrer en pourparler avec lui, et sans perdre de temps à en chercher la raison diplomatique, il ramasse un caillou, coupe avec son sabre le cordon de sa trompette, roule la pierre dans la lettre que le général en chef lui a remise pour Djezzar, lie le tout ensemble et le lance aux maugrabins qui, sur le rempart, sont restés tout ébahis de tant de sang-froid et de témérité.

En revenant, Krettly rencontra Eugène Beauharnais, seul et blessé à la tête par un éclat d'obus. Pour faciliter à son commandant la descente du boyau de la tranchée, le trompette lui offrit son bras, que celui-ci accepta.

— Je te connais déjà de nom, lui dit Eugène, j'aime les soldats aussi résolus que toi.

— Mon commandant, répond Krettly avec modestie, ce que vous me faites l'honneur de me dire me flatte d'autant plus, qu'en fait de bravoure et de résolution vous vous y connaissez, vous n'êtes pas non plus de ces traînards qui ont toujours des *engelures aux yeux.* *

A dater de ce jour le fils de Joséphine accorda à Krettly une bienveillance, nous dirons même une amitié, dont il lui donna par la suite les plus touchans témoignages.

A peine le trompette avait-il quitté son commandant, que les soldats de la tranchée le conduisirent en triomphe à la tente du général Verdier, qui le félicita et l'engagea à aller en personne rendre compte de sa mission au général en chef.

Napoléon était à table quand Krettly entra dans sa tente. Après avoir exprimé à son parlementaire toute sa satisfaction, il emplit lui-même un verre de vin de Chypre, et l'offrant au trompette :

— Tiens, bois cela, *Bamboche*, lui dit-il en souriant. Une politesse en vaut une autre, ajouta-t-il en se rappelant l'aragui du désert. Maintenant nous sommes quittes.

* Il est présumable que Krettly faisait ici allusion aux nombreuses ophtalmies qui firent tant d'aveugles en Égypte.

Bonaparte abandonna un instant le siège de Saint-Jean-d'Acre pour aller, dans la vallée de Josaphat, au secours de Kléber et de Junot, qui étaient bloqués, malgré la victoire éclatante que ce dernier venait de remporter. A peine arrivé sur le champ de bataille de Mont-Thabor, Krettly aperçut l'adjudant-major Dalhmann entouré par un groupe de mamelucks, et prêt à succomber sous leurs coups. Il s'élance pour le délivrer, reçoit au même instant un coup de lance et deux coups de feu. Tout couvert de sang, il sabre les mamelucks qui le pressent et parvient à dégager son capitaine.

Le trompette tournait bride pour aller rejoindre son peloton, lorsqu'il s'aperçut qu'il était poursuivi par un mameluck qui semblait acharné après lui. Malgré sa fatigue et ses blessures, Krettly s'arrêta pour faire face à ce nouvel ennemi; il pare un coup de taille, et son sabre est coupé un peu au-dessus de la poignée par le damas du Turc; mais prompt comme l'éclair, Krettly se jette à corps perdu sur lui, le saisit à la barbe et, par un effort inouï, le renversant sur la croupe de son cheval, lui brise le crâne avec la crosse de son pistolet, seule arme qui lui restait. Un sabre d'honneur donné par Bonaparte au brave trompette fut la récompense de ce fait d'armes.

De retour devant Saint-Jean-d'Acre, Krettly fut envoyé en parlementaire vers le commodore anglais Sidney Smith, à bord du vaisseau amiral. Le métier de trompette a quelquefois cela de bon ou de mauvais qu'il tient tout à la fois au champ de bataille et à la diplomatie militaire. Sidney Smith, à la manière de certains héros d'Homère, lesquels n'aimaient rien tant, après un rude assaut donné à la ville de Priam, que de faire rôtir un quartier de bœuf, régala Krettly d'une tranche énorme de rosbeef, qui était encore fumant sur la table du commodore, pour aider le trompette à passer le temps qu'il allait mettre à répondre à la missive de Bonaparte. Quand l'un eut achevé sa part du rosbeef et l'autre sa lettre, ils se retrouvèrent sur le pont du vaisseau. L'élégance de l'uniforme du trompette ayant attiré l'attention du commodore, ce dernier lui demanda courtoisement et en s'exprimant en bon français à quel corps de l'armée française il appartenait.

— Aux guides du général en chef Bonaparte, répondit Krettly.

— Vous êtes de fiers sabreurs! reprit Sidney Smith en souriant; puis s'adressant aussi à l'officier qui avait accompagné Krettly : Messieurs, ajouta-t-il, votre armée est brave et intrépide; mais il parait que vous manquez de projectiles, puisque vous venez manœuvrer autour de nous pour nous forcer à tirer sur vos soldats, afin qu'ils puissent ramasser nos boulets et nous les envoyer ensuite.

— En ce cas, vous n'avez pas sujet de vous plaindre, répliqua Krettly. Ce n'est qu'un emprunt que nous vous faisons.

La réflexion fit sourire le commodore qui congédia les deux diplomates avec beaucoup de politesse.

Bonaparte leva le siège de Saint-Jean-d'Acre pour rentrer en Égypte en suivant la route du

Kaire. Arrivé sur le rivage de Gazan, Krettly aperçoit une caravane de chameaux ; il s'élance avec son
chef d'escadron sur la caravane. Deux Arabes veulent leur barrer le passage, d'un coup de revers
Krettly décolle la tête du premier, et d'un coup de
pointe traverse de part en part le corps du second.
Les chameaux étaient conquis.

A la bataille d'Aboukir, Krettly devait donner une
preuve éclatante de ce courage et de cette humanité
qui distinguent les soldats français et les placent
au-dessus des autres soldats de l'Europe. A peine
Krettly, le sabre au poing, commençait à *fonction-
ner* sur le champ de bataille, qu'il entend les cris :
« A moi !... à mon secours !... » Le trompette regarde autour de lui et aperçoit au loin un maréchal-
des-logis du 5e régiment de dragons qui, déjà grièvement blessé, va succomber sous le cimeterre de
deux Turcs. « Ah ! *savoyards !* cria-t-il aux Turcs
avec indignation, il faut vous mettre deux contre
un pour essayer de nous vaincre !...... Attendez,
attendez ! il ne s'agit que de mettre la partie égale

pour vous prouver que vous n'êtes que des palto-
quets du désert! » Et en parlant ainsi, Krettly
s'était élancé, avait tué un des Turcs et avait
mis l'autre en fuite. Le sous-officier de dragons
était tombé de faiblesse; il fallait l'enlever de cette
place où il était exposé aux ricochets des boulets.
Krettly le prit dans ses bras, le posa en travers sur
son cheval et le porta à l'ambulance pour le faire
panser. En attendant que vînt son tour, il adossa le
blessé à un palmier et s'adressant à un chirurgien
qui, l'habit bas et les manches de chemises retrous-
sées, mettait un peu en ordre les instrumens de sa
trousse, il le pria d'extirper au plus vite la balle que
le dragon avait reçue dans la poitrine. Le chirurgien, l'esprit occupé sans doute de blessures plus
graves, ne répondit pas.

— Allons, citoyen Esculape, dit Krettly qui était
quelque peu clerc en mythologie, que ce soit celui-
ci ou un autre, n'importe! Ils sont tous Français
et plus ou moins endommagés. Je n'ai pas rapporté
du champ de bataille ce dragon encore vivant

pour le voir tourner de l'œil en votre présence comme un rat du Nil. Le temps presse; travaillez sur cet homme-là.

— Eh! que voulez-vous que je lui fasse? reprit le chirurgien d'un ton d'humeur, je n'ai seulement pas de linge.

—Parbleu! qu'à cela ne tienne! répliqua Krettly déjà mécontent de l'espèce d'insouciance que le chirurgien avait témoigné pour le blessé; je vais vous donner de quoi faire de la charpie.

Et saisissant une des manches de chemise du chirurgien, il l'arracha et la lui présenta, en ajoutant avec tranquillité:

— Voilà pour servir d'appareil; si une seule ne suffit pas, je vous prendrai l'autre pour faire une compresse.

Le chirurgien, furieux, allait répondre et se fâcher, lorsqu'un boulet de gros calibre, parti de l'escadre turco-anglaise, vint en ricochant au pied d'un palmier les couvrir d'une pluie de sable et se loger dans le corps d'un Turc qui gisait étendu à quelques pas de là.

—*Excusez*, dit Krettly en désignant le cadavre du Turc horriblement mutilé, ce *paroissien-là* ne se plaindra pas à vous du locataire qui vient d'entrer chez lui si brutalement!

Après avoir pansé le dragon, le chirurgien et Krettly le mirent à l'abri des boulets, et ce dernier remonta à cheval pour retourner à son régiment.

— Votre nom?... votre nom?... demanda d'une voix éteinte le blessé à son libérateur qu'il voyait s'éloigner.

—Krettly, brigadier-trompette des guides, connu avantageusement.

Dans ce moment le général en chef prescrivait aux 52⁰ et 18⁰ demi-brigades un de ces mouvemens bizarres qui, avec lui, ont tant de fois décidé du sort d'une bataille, et, par une charge de cavalerie exécutée entre ses propres feux et ceux de l'ennemi, séparait les Turcs de leur flotte en les mettant dans l'impossibilité d'échapper. Cette périlleuse manœu-

vre, dirigée par Bonaparte en personne, détermina
le succès de la journée ; mais presque tous les guides
qui lui servaient d'escorte furent tués ou blessés.
Krettly traversa le camp des Turcs au moment
même où le pacha, stupéfait de tant de hardiesse,
sortait de sa tente. Ce dernier tira au trompette un
coup de pistolet à bout portant qui lui enleva une
de ses nattes.

—Ah ! Mamamouchi de malheur ! s'écria Krettly
en faisant le moulinet avec son sabre ; tu ne cries
seulement pas gare !..... Attends un peu ! Et sans
donner au pacha le temps d'armer son second pistolet, Krettly appliqua sur la tête de ce chef un si
furieux coup de sabre que son turban fut séparé
en deux, et qu'il lui grava sur le front la moitié
d'une croix de Saint-André. Le sang aveuglait le
Turc, et il ne fut pas difficile au trompette de le faire
prisonnier. Il le conduisit lui-même au général en
chef. Chemin faisant, le pacha lui fit signe de prendre l'étoile et le croissant d'or qui brillait sur son
turban. Krettly remit religieusement ces deux objets

à Bonaparte, qui lui dit : Je prends le croissant. Toi, Bamboche, garde l'étoile, elle pourra te servir un jour.

Krettly a gardé précieusement cette relique, qu'il possède encore à l'heure où nous écrivons.

Le lendemain de la bataille, Krettly parcourut tous les hôpitaux pour retrouver le jeune maréchal-des-logis de dragons à qui il avait sauvé la vie. Après bien des courses il finit par le découvrir. Il était dans un état aussi satisfaisant que la gravité de ses blessures pouvait le permettre ; mais il ne possédait pas une obole. Krettly partagea sa bourse avec lui, et, par la même raison que le blessé lui avait demandé son nom la veille, il voulut savoir le sien.

— Je me nomme Carrière, lui dit-il, maréchal-des-logis au 3ᵉ dragons.

— Eh bien ! mon cher Carrière, si, comme je l'espère, nous ne laissons pas nos os ici, et si nous revoyons la France, nous nous retrouverons.

Ces paroles étaient une sorte de prédiction qui devait se réaliser quarante ans plus tard. Ces deux

braves, qui s'étaient quittés un matin dans les dé-
serts de l'Égypte, se retrouvèrent un soir au *Théâtre de la Gaîté*. Mais n'anticipons pas sur les événemens.

En arrivant au Kaire, Bonaparte fut salué avec
enthousiasme par la population égyptienne ; mais il
ne resta pas long-temps dans cette capitale : il avait
pressenti que de hautes destinées l'attendaient en Europe, et comme on ne laisse pas en arrière des soldats tels que Krettly, le général en chef, en quittant
l'Égypte, le fit monter sur le même bâtiment que
lui. Arrivé à Fréjus après une traversée périlleuse,
Bonaparte partit en poste pour Paris, où l'attendait
le 18 brumaire. Quant à Krettly et à ses compagnons, ils vinrent plus tard habiter la caserne de
Babylone, non plus comme guides du général Bonaparte, mais bien comme *garde* du premier consul,
corps privilégié que jalousaient tous les autres corps
de l'armée.

Un jour que Krettly causait à la porte du quartier
avec quelques-uns de ses camarades, sous-officiers

comme lui, plusieurs maîtres d'armes s'approchè-
rent en lui demandant d'un ton arrogant à parler à
ceux de leurs *collègues* qui appartenaient au régiment, c'est-à-dire aux maîtres d'armes des guides.

— Ils sont morts en Égypte, leur répondit le
trompette en les toisant d'un mauvais œil, car il
avait jugé tout d'abord où ces ferrailleurs voulaient
en venir.

— Mais, trompette, reprit l'un d'eux en retrous-
sant sa moustache en véritable casseur de fleuret,
vous devez en avoir quelques-uns, ou se disant *tels*,
parmi vous?

Sur la réponse négative de Krettly les maîtres
d'armes laissèrent si clairement deviner l'intention
qu'ils avaient d'engager une mauvaise querelle que
le trompette impatienté de leur ténacité leur dit :

— Eh bien! messieurs, entrez, bouchez-vous les
yeux, mettez la main sur le premier venu d'entre
nous, et vous trouverez un lapin qui vous prouvera
que si les prévôts sont restés en Égypte, tous les
bons sabreurs n'y ont pas laissé leurs os!

— Alors je mets la main sur toi ! s'écria celui qui déjà l'avait interpellé.

— C'est ce qui pouvait vous arriver de plus flatteur, reprit Krettly, et vous tombez avec moi comme le dieu Mars en carême. Marchons !

Chacun des maîtres d'armes ayant fait choix d'un champion, on se rendit sur le terrain, où l'on mit le sabre à la main, et en quelques minutes onze de ces maîtres d'armes furent mis hors de combat.

Deux jours après, de nouvelles provocations étaient adressées aux chasseurs de la garde du premier consul : on les défiait d'oser se rendre au Champ-de-Mars. Malgré la défense expresse de leurs chefs, beaucoup répondirent au défi, et sans se donner le temps de s'expliquer, plus de 150 hommes mirent le sabre à la main et se battirent en ligne. Cette bataille rangée commençait à devenir des plus meurtrières pour les deux partis, lorsque tout à coup parut le général Lefèvre, alors commandant de Paris, qui sans doute avait été prévenu, car il arriva à la tête d'un escadron de dragons qui se mit à charger indistinctement provocateurs et provoqués. Lefèvre n'avait pas cru trouver de meilleur moyen pour rétablir l'ordre et faire rentrer chacun dans le devoir. Plusieurs régimens quittèrent immédiatement Paris, et ces querelles de corps finirent faute de querelleurs.

Eugène Beauharnais, colonel des guides, ayant appris que son protégé Krettly s'était trouvé dans toutes ces rencontres, le fit appeler pour lui adresser de justes reproches.

— Je déteste les spadassins, lui dit-il. Le trompette chercha à se justifier, en prouvant à son colonel que lui et ses camarades n'avaient fait que se maintenir dans les bornes d'une légitime défense.

« Eh bien! reprit Eugène d'un ton qui ne permettait plus de réplique, je ne veux pas que pareil scandale se renouvelle parmi vous. Quant à toi, si tu continues ce métier, je fais mettre dans le fourreau de ton sabre une lame de bois.

Cette idée sembla originale à Krettly, qui répondit en souriant : Eh bien! mon colonel, il y aura en-

core moyen d'épousseter les habits de ceux qui cher-
chent des taches sur les nôtres.

Quelques jours après cette scène, à la suite d'une
de ces collisions sanglantes qui avaient porté le deuil
dans les régimens, Krettly se trouvait attablé avec le
tambour-major d'un régiment de ligne et plusieurs
de ses camarades dans une des guinguettes qui avoi-
sinaient alors l'École-Militaire, et, le verre à la
main, ratifiait de nouveau le traité de paix qui avait
été juré. Ce tambour-major, d'une taille colossale,
avait plusieurs fois essayé, mais inutilement, en sa
qualité de maître-d'armes, de *tâter* le trompette-
major des guides, dont la réputation dans l'art de
l'escrime était faite depuis long-temps. Krettly n'a-
vait répondu aux provocations du tambour-major
que par des quolibets.

— Ma foi, trompette, lui avait dit le tambour-
major en frisant sa moustache du bout des doigts,
il est fort avantageux pour vous de n'être pas tombé
sous ma main l'autre jour, parce que je vous eusse
tué infailliblement, ce qui m'aurait causé un sen-

sible déplaisir, attendu que vous m'avez l'air peu
susceptible.

A ces mots, Krettly regarda fixement l'interlocu-
teur et lui dit d'un air narquois :

— Allons donc, major! croyez-vous que j'eusse
eu peur de vous? C'est moi, au contraire, qui vous
eusse *descendu*, ce qui m'aurait fait tant soit peu de
chagrin, parce que vous n'auriez point perdu les
rafraîchissemens d'aujourd'hui. A votre santé,
major.

Et Kretly présenta son verre.

— Toi?... s'écria aussitôt le maître d'armes en
changeant subitement de ton et de manières, et en
posant son verre sur la table pour ne pas trinquer.

— Oui, moi, reprit Krettly avec calme. Vois-tu,
quoique tu sois bien grand, je te *flanquerais* dans
cette bouteille, toi et ta canne.

A ces mots, le tambour-major exaspéré se dressa
de toute sa hauteur; mais, se ravisant tout à coup,
il prit une bouteille, et, la posant avec violence devant Krettly toujours impassible :

— Eh bien! s'écrie-t-il hors de lui, *flanque*-moi donc dans celle-là !....

Krettly, sans s'émouvoir, prit la bouteille, la leva jusqu'à hauteur de l'œil, la pencha horizontalement, et, la mettant ensuite sur la table :

— Je ne veux pas, dit-il froidement ; elle est vide, et tu t'y *embêterais* trop. A votre santé, major !

Un éclat de rire acçueillit ces paroles et mit fin à la provocation du maître-d'armes, qui consentit, non sans peine, à trinquer avec le trompette des guides.

Maintenant, suivons Krettly dans cette belle campagne qui devait se terminer par la mémorable bataille de Marengo.

II

Notre récit a suivi Krettly à Marengo. Or, dès le commencement de la bataille, l'intrépide trompette tua de sa main un officier autrichien qui essayait de lui barrer le passage au moment où il allait porter l'ordre au 8ᵉ dragons de s'avancer sur la colonne autrichienne. A son retour un boulet de canon coupa son plumet ; mais Krettly ne s'arrêta pas long-temps à de telles bagatelles, et se rangea bientôt à

son escadron, près duquel se tenait le premier consul avec une partie de son état-major.

—Eh bien! *Bamboche*, lui demanda Bonaparte
en le voyant arriver, tu n'as rien *attrapé* en route.

—Au contraire, mon général, j'ai un plumet de
moins; mais si pour m'indemniser, vous voulez me
permettre d'aller enlever les pièces qui m'ont joué
ce tour là, ce ne sera pas long.

Napoléon regarda fixement le trompette.

—Toujours le même! dit-il.

—Général, permettez-vous? répéta Krettly en
faisant passer lestement sa trompette sur son épaule.

—Non! ce serait trop de témérité.

—De la témérité! mon général. Soit; mais donnez-moi seulement la moitié d'un piquet, et les pièces sont à vous : c'est à prendre ou à laisser.

Bonaparte, qui d'abord avait refusé, consentit
après avoir réfléchi un moment.

—Eh bien, essaie donc, lui dit-il.

—Camarades! s'écria Krettly, c'est en fourra-
geurs qu'il faut charger! En avant! suivez-moi!

En moins de dix minutes le trompette, à la tête de ses vingt hommes, avait sabré, culbuté, mis en fuite les canonniers autrichiens et ramené leurs pièces.

Ce fait d'armes valut à Krettly une trompette d'honneur en argent.

Après cette mémorable journée de Marengo, Krettly revint à Paris en qualité de trompette-major des chasseurs de la garde des consuls. Il y devint amoureux d'une belle et timide jeune fille qu'il jura d'épouser, sans songer pour cela à divorcer avec son rude et glorieux métier. La première fois qu'il se hasarda à parler de ses projets de mariage à son ancien commandant, Eugène Beauharnais, qui ve- d'être nommé colonel des chasseurs consulaires, celui-ci se mit à rire.

—Y songes-tu, mon brave? lui dit-il. Un gaillard tel que toi ne doit avoir pour femme que la lame de son sabre, et pour belle-mère que la patrie.

—Mais, mon colonel, j'épouse mademoiselle Touzin; et il me semble que l'idée n'est pas aussi bouffonne que vous le supposez.

—Mademoiselle Touzin!.... dit Eugène avec étonnement. Elle t'aime donc?

—Mais..... *un peu,* répliqua Krettly, en remontant le col de sa cravate noire d'un air vainqueur.

La jeune personne était fille de monsieur Touzin, jadis carrossier du vicomte de Beauharnais, père d'Eugène. Cette circonstance fit cesser toute nouvelle objection. Krettly se maria le 9 ventôse an 10. Eugène fut le parrain de son premier-né.

Krettly fit ensuite la campagne d'Allemagne de 1805, et se distingua brillamment à Austerlitz.

L'empereur était à la tête de sa réserve commandée par le général Oudinot, lorsqu'il vit que deux de ses brigades, entraînées par trop d'ardeur, étaient prises à revers par toute la garde impériale russe. Napoléon détacha aussitôt son régiment des guides et ses grenadiers à cheval pour leur porter secours. Krettly sonne la charge, et cette cavalerie d'élite fond sur la garde impériale russe, qui bientôt est mise en déroute ; mais à peine le trompette avait-

il reprit haleine, qu'il aperçut à quelques pas de lui
son commandant Daumesnil (celui qui depuis fut
gouverneur de Vincennes), entouré d'une douzaine
de grenadiers russes, au milieu desquels il se défend
avec courage, mais sans espoir. Krettly s'élance,
renverse les uns, bouscule les autres, blesse ceux-
ci, tue ceux-là et parvient à dégager Daumesnil. Au
même instant, un Russe, plus acharné que les autres,
saisit la trompette de Krettly et s'y cramponne d'une
main vigoureuse afin de le renverser. Krettly lui
abat le poignet d'un coup de sabre, et la main du
Russe, comme celle d'un autre Cinégyre, reste
crispée à l'instrument. Le commandant Daumesnil
était sauvé, mais son libérateur était criblé de con-
tusions et de blessures.

Krettly savait juger au premier coup d'œil toutes
les conséquences d'un mouvement bien ou mal com-
biné. Dans une circonstance décisive, il prévient le
colonel Morland du danger qu'il y avait pour lui à
exécuter une charge sur une division russe formée
en carré, et au centre de laquelle étaient placées

quatre pièces de canon prêtes à faire feu.

« Ah! bah! dit sèchement le colonel, vous perdez la tête : sonnez la charge ! »

Le régiment s'ébranle ; mais, ainsi que Krettly l'a prévu, quatre coups de canon chargés à mitraille partent à la fois ; une partie de l'état-major du régiment tombe, et le brave Morland, qui le matin même avait été fait général, paie de sa vie le tort d'avoir négligé l'avis du simple trompette-major. Le lieutenant-colonel Dalhman prit aussitôt le commandement du régiment. Une seconde charge s'exécute ; on pénètre dans le carré russe, et Krettly, à la tête de ses deux pelotons de trompettes, se rue avec tant d'impétuosité sur les canonniers ennemis, que les pièces sont enlevées. Huit des trompettes qui le suivirent reçurent après ce glorieux coup de main la croix de la Légion-d'Honneur.

Krettly avait à peine essuyé son sabre à la crinière de son cheval, qu'il vit s'avancer le corps des gardes-nobles russes. Le colonel de ce régiment avait reconnu de loin le maréchal Bessières en observation, et il dirigeait rapidement son cheval vers lui pour le provoquer en combat singulier ; mais Krettly a deviné l'intention du Russe et s'est porté près du maréchal, qui a déjá mis l'épée à la main.

— Monseigneur, s'écrie Krettly, ce n'est pas à vous de faire le coup de sabre avec cet homme ; c'est trop peu qu'un tel adversaire : je m'en charge, moi !

— Je ne veux pas ! répond avec vivacité Bessières en se mettant en garde pour se défendre.

Mais déjà le trompette est en face du colosse russe et semble le défier. Celui-ci, plein de dépit de se voir enlever l'adversaire qu'il cherchait, se précipite avec furie sur Krettly, fort étonné de l'entendre prononcer ces mots très distinctement en français :

—Eh bien, *tape* donc, drôle, si tu l'oses et si tu t'en sens le courage ! Seulement gare à ton cou !

—Oh ! oh ! grand Cosaque, réplique le trompette à voix basse, si tu lèves le bras tu es perdu.

Au même instant le colonel lui porte un coup qui devait être mortel.

— Hop ! fait Krettly en relevant le sabre du Russe, en même temps que par une savante riposte il lui plonge le sien dans la poitrine. S'étant emparé du cheval de son ennemi vaincu, il le donna un moment après au colonel Desmichels (aujourd'hui lieutenant-général en Afrique) qui venait de perdre le sien.

Le trompette-major trouva dans le porte-manteau du colonel russe une magnifique paire de rasoirs dont il se sert encore maintenant, et, à ce sujet, il n'y a pas long-temps qu'il nous disait avec gaîté en se caressant le menton :

— J'éprouve chaque matin un plaisir que je ne saurais exprimer à me faire la barbe avec les rasoirs de celui qui croyait si bien me *faire la queue.*

Quelques jours après, le grade de lieutenant en second aux chasseurs de la vieille garde (les guides) fut accordé à Krettly. Son brevet est daté de Schœnbrunn, le **2** nivôse an XIV, et signé de l'empereur.

L'année suivante, la campagne de Pologne fournit à Krettly une nouvelle occasion de prouver son dévoûment et son intrépidité. C'était quelques jours avant la sanglante bataille d'Eylau; Napoléon était à Landsberg. De tous les officiers qu'il avait dépêchés au maréchal Lannes, dont le corps d'armée se trouvait éloigné de plus de cent lieues du quartier-général impérial, aucun n'était revenu. Il commençait à concevoir de sérieuses inquiétudes, lorsqu'il fit appeler le général Corbineau pour lui demander un officier de ses chasseurs à cheval dont il connût parfaitement le courage et la *résolution.*

—J'ai, lui dit-il, une mission importante et périlleuse à lui confier.

Le général se disposait à aller chercher l'homme qu'il fallait, lorsque Napoléon aperçoit Krettly qui, ce jour-là, était de piquet auprès de lui. Il rappelle Corbineau :

—Général, ne vous mettez pas davantage en quête, j'ai mon affaire : allez chercher le lieutenant Krettly, qui se promène là-bas en soufflant dans ses doigts. Il n'aura pas froid tout-à-l'heure.

Tandis que le général s'acquitte de sa commission,

l'empereur s'asseoit et écrit un ordre. Corbineau revient bientôt suivi de Krettly.

—Ah! ah! te voilà! dit Napoléon.

—Oui, sire.

—Je suis bien aise de te voir, ajouta-t-il en pliant sa dépêche.

Puis le regardant fixement en lui donnant le papier.

—Puisque tu n'as rien à faire, ajouta-t-il, tu vas partir et te rendre au corps d'armée que commande le maréchal Lannes. La route est longue et difficile, je t'en préviens…. Il me faut absolument une réponse. Allons, pars!

—Vous l'aurez, sire, répond Krettly en cachant la dépêche dans la manche de sa pelisse.

—Que fais-tu? lui demande Napoléon, qui a observé ce mouvement. Si tu étais pris?…

Krettly qui a deviné la pensée de l'empereur, car dans ces sortes d'occasions, ses yeux en disaient plus que ses paroles, lui répond avec tranquillité :

—Sire, cette lettre ne sera jamais lue par un ennemi de votre majesté, je vous en donne ma parole d'officier. *Je vous en fais mon billet.*

— Cependant, répliqua l'empereur, il peut arriver qu'on la prenne... et toi aussi, ajouta-t-il à voix basse.

— On ne me la prendrait pas, sire, parce que je la mangerais auparavant.

— Mais, monsieur l'entêté, répliqua encore Napoléon, si vous êtes tué *auparavant.*

— On ne me tue jamais, moi! votre majesté le sait bien.

A ces mots, Napoléon frappa familièrement sur l'épaule du lieutenant :

— Bien, mon brave! Je réponds de toi, tu ne seras pas tué; à mon tour *je t'en fais mon billet.* Cependant je veux qu'après avoir mangé ma dépêche tu puisses encore faire ma commission.

L'empereur lui expliqua alors le contenu de cet ordre, et pour mieux en graver le texte dans sa mémoire il le lui fit répéter mot pour mot.

— Maintenant, reprit-il, pars; de l'adresse,

du courage, et tu reviendras, je te le prédis.

Krettly crut à la prédiction, car jamais les paroles de Napoléon ne l'avaient trompé.

Son voyage fut heureux jusqu'à Pultusk. Arrivé là, il pénétra dans la forêt pour gagner plus vite Ostrolenka où se trouvait le corps d'armée du maréchal Lannes, et il fut assailli par une nuée de cosaques qui lui causèrent quelque inquiétude ; mais se fiant au pronostic de l'empereur, il prit indifféremment la première route qui s'offrit à lui, et eut assez de chance pour rencontrer la bonne et arriver sain et sauf auprès du général Savary, qui avait remplacé dans son commandement le maréchal grièvement blessé. Krettly avait fait d'un trait cent trente-une lieues de pays.

Après avoir remis l'ordre dont il était porteur à Savary, il repartit aussitôt, en emmenant avec lui le colonel Rosé du 88e de ligne, qui avait sauvé son aigle pendant que ses malheureux soldats périssaient au milieu d'un marais de la Pologne, et qui venait d'être appelé par l'empereur au commandement d'un régiment de la garde. En passant près d'un petit village où une ambulance avait été établie, ils trouvèrent devant la porte d'entrée deux gendarmes étendus par terre et dont les corps étaient encore tièdes. Dans l'intérieur, l'administration entière avait été égorgée ; tous les malades ou blessés avaient été jetés par les fenêtres, et les chirurgiens assassinés sur le corps des mourans. Cet affreux massacre était l'œuvre d'un corps de cosaques réguliers qui venait de passer.

Les deux voyageurs, le cœur navré, continuèrent leur route, mais arrivés à quelque distance de Lansberg, ils aperçurent au loin le grand parc d'artillerie, qui, avec la brigade d'escorte, occupait plus de deux lieues d'étendue et leur barrait la route. A cette vue, l'inquiétude s'empara de Krettly. Craignant de se laisser devancer par l'aide-de-camp que de son côté Savary avait dû expédier à l'empereur, il quitte le colonel Rosé, lui laisse le traîneau, s'élance sur un petit cheval polonais sans selle et qui n'a pour guide qu'un filet, part au grand galop et passe au milieu des soldats du train en criant à tue-tête : Gare !... gare !... Place pour les dépêches de l'empereur ! » Ceux-ci ne se dérangent pas assez vite au gré de son impatience, il les bouscule, fait sauter son cheval par-dessus un obusier et poursuit sa route. A peine a-t-il fait une lieue de ce train, que sa monture s'abat. Il en achète aussitôt une autre, car les chevaux de prise ne manquent jamais sur les routes qu'une troupe victorieuse a parcourue. Cette seconde monture s'abat aussitôt de fatigue comme la première. Cinq autres ont successivement le même sort. Enfin, il arrive dans les plaines d'Eylau où il sait que l'empereur doit se trouver, l'aperçoit entouré de son état-major, et se présente devant lui.

— Que me veut cet homme ?

Telle fut la brusque exclamation de Napoléon à la vue de son messager qu'il est impossible de reconnaître. Krettly avait un colback sur la tête, un vieux carrick sur le dos, un sabre à son côté et des pistolets passés dans un mouchoir qui lui servait de ceinture. Les longs cheveux de cette queue que les chasseurs seuls de la garde avaient conservés flottaient épars sur ses épaules et sur sa poitrine, et lui donnaient un aspect sauvage; ajoutez à cela qu'il était couvert de neige et que sa chevelure ainsi que ses longues moustaches rousses étaient parsemées de petites perles congelées par le froid.

Krettly ayant repris haleine, se fit reconnaître.

—Ah ! c'est toi ! s'écria l'empereur. Eh bien ! me rapportes-tu des nouvelles?

— Oui, sire, répond Krettly en lui tendant la lettre de Savary.

Napoléon brise le cachet, déplie la dépêche et la parcourt rapidement des yeux. Au fur et à mesure qu'il lit son front se déride, et dès qu'il a fini :

— Ah ! ah ! il était temps, dit-il, comme délivré de la crainte d'un immense danger.

Puis, se retournant avec vivacité, en faisant un geste de la main aux officiers de son état-major, il leur dit avec douceur :

— Messieurs, un peu en arrière je vous prie.

Tous s'étant éloignés, il se rapprocha de Krettly.

—Maintenant, lui demanda-t-il en baissant la voix, conte-moi comment tout cela s'est passé, et sois bref.

Celui-ci raconta à l'empereur toutes les particularités de son voyage, sans oublier l'épisode de l'hôpital. Pendant ce dernier récit, Napoléon parut en proie à une vive agitation, puis, la narration achevée, il le congédia en lui disant après avoir passé l'index sur sa bouche :

—Surtout je te défends de parler à qui que ce soit de ce que tu as vu à l'ambulance. Va rejoindre ton escadron, ajouta-t-il, en lui tirant sa moustache qui était réduite à l'état de glaçon, je suis content de toi.

A peine Krettly avait-il fait cinquante pas qu'il rencontra Berthier et Bessières.

—Eh bien! quelle nouvelle? lui demanda ce dernier, en dégageant doucement le bras que le prince avait passé sous le sien.

A cette question le lieutenant se trouva fort embarrassé. Il n'y avait cependant pas à balancer.

—Monsieur le maréchal, l'empereur m'a cousu la bouche.

—Ah! c'est différent. Je comprends. C'est bien.

—Monsieur le maréchal, reprit Krettly, votre excellence daignerait-elle m'apprendre où je trouverai mon régiment?

Berthier qui s'était approché, le lui indiqua ; et comme Krettly le saluait pour le remercier de ce renseignement, Berthier s'aperçut qu'il n'avait pas de monture.

—Est-ce que vous avez perdu votre cheval? lui demanda-t-il, en faisant signe à un piqueur. Je vais vous en prêter un des miens. Puis, remarquant également que ses pistolets étaient couverts de neige, le prince ajouta : Vous prendrez les pistolets que vous trouverez dans les fontes de la selle ; je désire que vous les conserviez en souvenir de l'estime que j'ai pour vous, persuadé d'ailleurs que vous vous en servirez parfaitement à la première occasion.

Krettly ne tarda pas à en faire un bon usage, car

à peine avait-il eu le temps de se mettre en tenue et de prendre le commandement de son peloton, que déjà l'affaire s'était engagée sur tous les points à la fois.

On était au 8 février 1807, jour de sanglante mémoire. La neige n'avait pas cessé de tomber à gros flocons depuis le matin. A midi, elle était devenue si épaisse que les chefs de corps pouvaient à peine distinguer les manœuvres de l'ennemi. Plusieurs de nos régimens, emportés par leur ardeur au milieu des bataillons russes, combattaient corps à corps. Sur ces entrefaites, Napoléon fait donner au maréchal Bessières, l'ordre de charger avec ses chasseurs à cheval, et avec les mamelucks et les grenadiers à cheval de sa garde, un carré formidable qu'avaient formé les Russes. La charge s'exécuta : ce carré en cachait un autre qui était au centre, et le régiment des chasseurs fut forcé, momentanément, de battre en retraite ; mais en se repliant, il trouva tout–à–coup devant lui, dix-huit pièces d'artillerie qui commencèrent à le foudroyer. Le danger était imminent : le général Daumesnil, qui commandait les chasseurs de la garde, accourt..... Il aperçoit Krettly occupé à rallier son peloton et s'écrie : A moi ! Krettly !... Aux pièces ! en avant !

En entendant la voix de son colonel, le brave lieutenant comprend sa pensée ; il s'élance, ce qui reste de son escadron le suit ; ils fondent sur les pièces, sabrent les canonniers ; d'un coup de pistolet, Krettly étend mort le commandant de la batterie ; il continue de frapper tout ce qui se présente, et bientôt les dix-huit pièces d'artillerie sont prises et amenées en triomphe.

Cependant, cette horrible boucherie qu'on appelle la bataille d'Eylau, n'avait donné la victoire ni aux Français ni aux Russes : des torrens de sang avaient coulé sans utilité et sans résultat. Napoléon récompensa ceux de ses soldats qui s'étaient distingués, et lorsque Berthier mit sous ses yeux le rapport circonstancié des faits d'armes et des actions d'éclat dont cette journée avait été remplie, qu'il vit inscrit un des premiers sur la liste de ceux qui avaient droit à ses faveurs, le nom de Krettly, il s'écria :

« Quel courage ont ces hommes-là ! »

Huit jours après, l'ex-trompette-major recevait la lettre suivante :

« Eylau, le 16 février 1807.

« A M. Krettly, lieutenant en second aux chas-
« seurs à cheval de la garde impériale.

« Je vous préviens, monsieur, que l'empereur,
« par décret de ce jour, vous a nommé porte-éten-
« dard d'honneur, et lieutenant en premier dans les
« chasseurs à cheval de sa garde. J'apprendrai avec
« plaisir que cette nomination vous ait été agréable.

« Le prince de Neuchâtel, major-général, mi-
« nistre de la guerre.

« ALEXANDRE BERTHIER. »

« Ma foi! c'est un grade que je n'aurai pas volé ! dit Krettly en ne dissimulant pas la joie que ce nouvel avancement lui faisait éprouver. »

Après la bataille de Friedland, Napoléon l'ayant

rencontré sur le champ de bataille, lui fit signe d'approcher.

— Eh bien ! lui demanda-t-il en le prenant par le menton, as-tu fait des tiennes hier ?

— Non, sire, je me suis battu, voilà tout.

— C'est quelque chose ; mais mille autres en ont fait autant.

— Sire, votre majesté peut sans crainte de se compromettre en ajouter quelques-uns de plus.

Napoléon se prit à sourire, et saisissant l'oreille du porte-étendard qu'il tira un peu plus fort que d'habitude : « Allons, reprit-il, je suis content de toi ; malheureusement je n'ai plus d'armes d'honneur. Vous avez tous épuisé mes fabriques. Je te donnerai quelque chose de moins glorieux, mais de plus solide qui t'aidera à élever ta famille. »

En effet, l'empereur lui assigna une rente de 500 francs, hypothéquée sur le *monte Napoleone*.

Pendant la conférence qui eut lieu sur le radeau du Niémen, où Napoléon et Alexandre traitèrent les affaires du monde, le maréchal Bessières, fit partir trois détachemens de chasseurs à cheval pour se rendre à grandes journées à Dresde, par où l'empereur devait passer à son retour de Tilsitt. Arrivé dans cette capitale de la Saxe, Krettly fut le premier officier que Napoléon y rencontra.

—Encore toi! lui dit-il d'un air de satisfaction; on te trouve donc partout?

— Que voulez-vous, sire, vous nous avez accoutumés à voyager aussi vite que votre aigle.

Krettly fut envoyé en *dépêche* de Dresde à Paris; mais à peine avait-il revu les bords de la Seine, qu'une maladie aiguë s'empara de lui. L'homme qui avait échappé au cimeterre des mamelucks, à la mitraille des Autrichiens, des Russes et des Prussiens; celui qui avait survécu à vingt blessures et aux fatigues de dix campagnes; cet homme faillit succomber dans son lit à un accès de fièvre. Pendant cette maladie, Napoléon s'étant informé plusieurs fois de l'état de sa santé, Krettly, dès qu'il put se soutenir, crut devoir aller aux Tuileries, remercier l'empereur de sa bienveillante sollicitude, et lui demander un congé. A ce sujet, Napoléon lui dit avec aménité :

— Tu as besoin de repos, je le vois ; rétablis-toi donc entièrement, et rappelle-toi qu'une fois en bonne santé, si j'ai besoin de tes services, le congé que je t'accorde aujourd'hui, n'est qu'un congé d'*attente*.

Kreitly n'en resta pas moins deux années entières dans un état de souffrance qui lui fit regretter maintes fois de n'être pas mort sur le champ de bataille. Enfin, ennuyé d'une inaction qui lui était plus fatale peut-être que l'état de marasme dans lequel il était tombé, il résolut de demander à l'empereur une place qui fût en harmonie avec ses goûts et sa situation, et crut ne pouvoir choisir un meilleur emploi que celui de sous-inspecteur dans les eaux et forêts. L'idée d'une pétition est bientôt arrêtée dans sa tête, il la rédige lui-même, et aborde laconiquement la question, parce qu'il sait mieux que personne, que Napoléon n'aime pas les périphrases ; puis il attend que le moment favorable

soit venu pour la lui remettre. L'occasion ne tarda
pas à se présenter. Krettly entend parler d'une
partie de chasse que l'empereur doit faire à Gros-
bois, chez le prince de Neufchâtel. Pour aller à ce
château , il lui faut nécessairement passer par
Choisy-le-Roi : c'est dans ce bourg, que l'ex-trompette-major ira l'attendre à cheval. En quittant le
régiment Krettly avait conservé *Fanny*, charmante
petite jument d'origine arabe , qu'il avait élevée,
et pour laquelle il avait un attachement tout parti-
culier. Dans les courts instans de loisir que lui avait
laissé le service militaire, il l'avait dressée à exécuter mille gentillesses. Entre autres talens, la jolie
bête avait celui de saluer gracieusement en se ca-
brant de telle sorte, que Pellier et Beaucher se
fussent montrés jaloux de son instructeur. Or, par
une tiède matinée du mois de mai 1812, Krettly,
monté sur sa jument, s'achemine vers Choisy-le-
Roy. Tout, sur la route, lui semble avoir pris un
air de fête.

« Bien certainement, se dit-il, l'empereur doit

passer par-là aujourd'hui, car le temps est magnifique. » Parvenu aux premières maisons, il trouve
un piquet de guides d'escorte qui le laisse passer,
comme étant une ancienne connaissance ; mais un
peu plus loin, les gendarmes d'élite qui bordent la
route, lui font signe de s'arrêter. Au même instant
des cris de *vive l'empereur!* se font entendre, Krettly
fait sentir l'éperon à *Fanny*, et celle-ci, redoublant
d'ardeur, passe au triple galop au milieu des gendarmes, qui restent stupéfaits en entendant ce terrible coureur s'écrier d'une voix de Stentor :

« Vive l'empereur! Enfoncés, messieurs les gendarmes ! »

L'ex-trompette major arrive ainsi jusque devant
la voiture de Napoléon, de l'intérieur de laquelle le
grand-écuyer Caulincourt, donnait l'ordre aux postillons d'arrêter, présumant qu'il se passait quelque chose d'extraordinaire. Krettly profite de ce
temps d'arrêt, et, se plaçant en face de la portière
de la voiture : « Allons, *Fanny*, dit-il, saluez l'empereur! » La jument obéit aussitôt ; elle se cabre,

agite gracieusement ses jambes de devant, et hennit d'une façon toute coquette.

« Qu'est-ce que cela ? s'écria Napoléon en mettant vivement la tête à la portière.

— Sire, un de vos anciens guides.

— Comment t'appelles-tu ?

A cette interpellation inattendue, Krettly demeure interdit ; il ne peut croire que l'empereur ait oublié son nom, ne songeant pas qu'il ne l'avait jamais vu qu'en tenue de soldat, et qu'en cet instant il s'offrait à ses regards vêtu d'un habit bourgeois et sans moustaches ; mais si Krettly fit promptement cette réflexion, le souvenir de son porteur de dépêches d'Eylau, ne revint pas moins vite à la mémoire de l'empereur, qui s'écria :

« Eh mais !... c'est mon pauvre Bamboche !

— Lui-même, sire.

— Sais-tu que tu as forcé la consigne, et que tu mériterais la salle de police ?

— C'est précisément ce que je viens vous demander, sire, la salle de police pour retraite.

Krettly présenta alors son placet.

— Tu ne veux donc pas rester en repos ! lui dit l'empereur après avoir lu la demande.

— Pardon, sire ; mais je crains d'attraper la goutte.

— Toujours le même ! reprit Napoléon. Allons, va pour une sous-inspection dans les eaux et forêts ; tu vivras là tranquillement, avec les carpes et les lapins.

— Matelotte et gibelotte... ça rime, marmotta Krettly enchanté de la réception.

L'empereur ayant signé la demande avec son crayon, la donna à Caulincourt en lui disant : « Ecrivez en marge : Accordez dans les vingt-quatre heures. » Puis, reprenant le papier des mains du grand-écuyer pour le rendre lui-même au solliciteur : Es-tu content ? lui demanda-t-il.

— Toujours, sire.

— Eh bien ! au revoir.

Et sur un signe de Napoléon, la voiture partit comme un trait.

Ils devaient en effet se revoir, mais dans des circonstances moins heureuses.

IV

Huit jours après son entrevue avec l'empereur, Krettly recevait sa nomination de garde-général des eaux et forêts à Montélimart. Cette nouvelle existence lui parut monotone, mais elle changea vers les premiers mois de 1814, lorsque les alliés eurent inondé la France. Il conçut l'idée de lever un corps de partisans, mais il était trop tard. Déjà les souverains alliés étaient maîtres de la capitale ;

Napoléon avait abdiqué et se dirigeait, par le midi de la France, vers le lieu de son embarquement pour l'île d'Elbe. Krettly, ayant su que Napoléon devait passer par Montélimart, voulut voir son empereur une dernière fois. En allant au-devant de lui, il rencontra un vieil officier de l'armée d'Égypte. Krettly hâte le pas, rejoint cet officier, le reconnaît et l'aborde. Tous deux se serrèrent la main sans prononcer une parole, et continuèrent tristement leur marche. Arrivés ensemble à l'hôtel de la Poste, devant lequel la voiture de Napoléon est arrêtée, il furent aperçus par le général Bertrand, qui vint au devant d'eux et les introduisit auprès de Napoléon. Ils le trouvèrent assis devant le feu, les coudes posés sur une petite table et la tête appuyée dans ses deux mains. En voyant Krettly, l'empereur se leva, fit quelques pas vers lui, et ne l'appelant pas comme autrefois Bamboche! il lui tendit la main en prononçant ce seul mot: « Viens! »

Krettly se précipite sur cette main qu'il couvre de pleurs; mais Napoléon l'attire à lui, et avec une émotion qu'il ne cherche pas à déguiser :

— Que fais-tu?... C'est sur mon cœur que doivent venir se reposer tous les braves de ma vieille garde. Viens donc, te dis-je!

Le vieil officier d'Égypte, présent à cette scène, pleurait à chaudes larmes, et, après être tombé à deux genoux, avait saisi les basques de la redingote de l'empereur, et les portait avidement à ses lèvres.

Napoléon le relève et l'embrasse à son tour.

— Mes enfans, leur dit-il après un moment de silence, votre dévoûment à la patrie, votre amour pour ma personne feront un jour votre gloire et la mienne. Les revers s'effacent avec le temps, les passions s'affaiblissent et disparaissent; mais l'histoire reste. Vous serez grands comme moi dans la postérité.

Cette noble pensée parut consoler Napoléon; son regard avait quelque chose d'inspiré, et sa belle physionomie reprit en cet instant ce calme et cette sérénité qui lui étaient ordinaires. Puis il y eut encore

quelques minutes de silence. Enfin, de ce ton fami-
lier dont il usait volontiers avec ses vieux soldats,
il donna sur la joue de Krettly quelques petits coups
du revers de sa main en lui disant avec un sourire
indéfinissable :

— Est-ce que, par hasard, vous ne croiriez plus
à ce que dit votre empereur, monsieur?

Celui-ci, le voyant en si bonnes dispositions, lui
demanda la faveur de l'accompagner à l'île d'Elbe.

— Impossible, répondit Napoléon un peu sèchement; je l'ai refusé à des gens qui m'aimaient
autant que toi. Tu n'es pas raisonnable, mon ami,
reprit-il ensuite avec abandon; tu as une femme et
des enfans : tu te dois à ta famille. Une seule chose
m'afflige : c'est la crainte qu'on ne rende malheureux ceux que j'ai rendus heureux pour les récompenser de ce qu'ils ont fait pour la France et pour
moi. Ce sera pourtant le triste système de ceux qui
vont me succéder. Pour eux, régner sera tout; la
patrie ne sera rien.

Napoléon se tut et redevint pensif.

Krettly et son compagnon auraient voulu rester avec l'empereur encore bien long-temps ; mais craignant que leur visite ne devînt indiscrète, Krettly se hâta de reprendre la parole :

— Sire, encore un mot essentiel à vous dire.

— Parle.

— Défiez-vous du passage de Donzerre et surtout de celui d'Avignon.

L'empereur regarda Krettly avec étonnement.

— Oui, sire, tout le monde est instruit de la route que votre majesté doit suivre ; je l'ai explorée moi-même, mais comme sur un terrain ennemi.

— C'est bien, c'est bien, je te remercie... Adieu, messieurs.

A ces mots Krettly et le vieil officier prirent congé de l'empereur, qui leur dit encore en les voyant s'éloigner : « Mes amis, faisons des vœux pour un meilleur avenir. »

Après le départ de Napoléon, Krettly reprit ses fonctions à Montélimart et continua de les remplir avec le même zèle qu'auparavant ; mais le garde-général des eaux et forêts eut à subir, en sa qualité d'ancien soldat de l'*usurpateur*, des tracasseries, des dénonciations, des menaces anonymes, des injustices sans nombre. La nouvelle du retour de l'île d'Elbe lui fit oublier tous ses chagrins.

Le vieux porte-étendard des guides accourut aussitôt à Paris. Mais à ce moment il était difficile d'approcher de Napoléon. En vain pendant dix jours essaya-t-il de pénétrer dans le palais des Tuilleries, pendant dix jours l'inexorable consigne le repoussa de toutes les grilles. Enfin le onzième, il épia l'instant où l'empereur, qui revenait à cheval après avoir visité le faubourg Saint-Antoine, arrivait au palais par le guichet du Pont-Royal. A peine Krettly l'a-t-il aperçu que rien ne l'arrête : il court comme un insensé au devant de son ancien général, les factionnaires veulent le retenir, il force la consigne, n'écoute rien, en maltraite même quelques-uns, et hors d'haleine arrive sous le grand vestibule du pavillon de Flore, en même temps que Napoléon mettait pied à terre.

— Sire! sire! s'écrie-t-il, un de vos anciens braves!

En entendant cette voix l'empereur se retourne avec vivacité; le vieil uniforme des chasseurs à cheval de sa garde frappe ses regard : il reconnait Krettly : Toi? mon vieil ami! dit-il.

Malgré ces mots de *mon vieil ami*, et l'accent de bienveillance avec lequel ils ont été prononcés, le vieux soldat d'Égypte, fasciné par le prestige que Napoléon exerçait toujours sur ses soldats, reste muet et comme en adoration devant lui.

— Je pensais à toi il y a quelques jours, reprend Napoléon, et j'étais étonné de n'avoir pas encore eu ta visite.

— Sire, répond enfin Krettly, je me battais dans le Midi pour votre majesté.

— Tu te battras donc toujours? répliqua l'empereur avec un sourire.

— Il faut bien faire quelque chose, sire; j'apporte à votre majesté un rapport fidèle de tout ce qui s'est passé depuis son départ dans mon départe-ment ; j'ai tout vu, j'étais partout.

— Comme jadis, dit Napoléon en prenant le rapport. Viens demain trouver Bertrand, ton rapport sera lu, et si j'ai quelque commission à te donner, nous verrons.

A ces mots Napoléon lui ayant tendu la main, Krettly la pressa respectueusement dans les siennes, et se retira transporté de joie et d'orgueil à la pensée que son empereur lui avait conservé une petite place dans son souvenir.

Le lendemain, Krettly accourut aux Tuileries, mais ce fut le colonel Bussy, aide-de-camp de l'empereur, qui le reçut au lieu du grand maréchal.

— Sa majesté a lu votre rapport, lui dit-il, et voici la réponse qu'elle m'a chargé de vous transmettre : « Dites au capitaine Krettly qu'il vienne au palais quand il voudra ; les portes lui seront toujours ouvertes : il y sera bien reçu. »

Des députations de tous les départemens de la France arrivèrent bientôt en foule auprès de l'em-

pereur, pour lui adresser les félicitations d'usage ;
celles de l'Isère et de la Drôme se présentèrent à
leur tour. Krettly s'était mis à la tête de cette dernière :

— Eh bien! messieurs, dit Napoléon en frappant familièrement sur l'épaule de son protégé,
êtes-vous content de la résolution de cet homme-là.

— Oui, sire, répondit le chef de cette députation, il a rendu d'immenses services au pays et à
votre majesté. Malheureusement des gens plus haut
placés que lui n'ont pas fait de même.

— Messieurs, c'est que les conséquences n'ef-
fraient que les lâches ou les timides : je n'ai besoin
ni des uns ni des autres ; je ne me repose que sur
le dévoûment et le courage de ceux qui me com-
prennent. N'est-ce pas, mon vieux camarade? ajouta-t-il d'une voix élevée, en saisissant un des favoris
de Krettly. Va, mon brave! j'espère avant peu te
faire monter quelques échelons de plus.

L'empereur continua de s'entretenir successivement avec chacun des membres de la députation,

et lorsqu'elle fut sur le point de se retirer, il revint à Krettly.

— Tu iras trouver, de ma part, le ministre de la guerre, le prince d'Eckmülh..... Tu le connais bien.... Il te donnera une commission pour prendre le commandement d'un corps franc dans ton département. C'est convenu.

Le ministre ayant délivré cette autorisation à l'ancien porte-étendard des guides, celui-ci se disposa à retourner à Montélimart pour y organiser ce corps ; mais avant de quitter Paris il voulut remercier Napoléon. Il le trouva préoccupé et inquiet.

— S'il arrivait encore des jours de revers, lui dit l'empereur avec abandon, et si je n'avais ni le temps ni la possibilité de récompenser comme je le veux tes services, eh bien ! je me souviens qu'en Égypte tu fis un prisonnier de distinction que tu m'amenas... un pacha, je crois ?

La surprise de Krettly fut extrême en songeant que le fait que lui rappelait l'empereur s'était passé plus de quinze ans auparavant, et que depuis lors il ne lui en avait jamais parlé; mais Napoléon, sans remarquer son étonnement, continua :

— Je ne gardai que le croissant qui surmontait son turban et je te donnai l'étoile qui y était attachée. L'as-tu conservée, cette étoile?...

Pour toute réponse, Krettly écarta avec vivacité son gilet et offrit aux regards de l'empereur l'étoile du pacha d'Aboukir, qui brillait sur sa poitrine.

— Ah! ah! tu l'as conservée?... C'est extraordinaire, dit Napoléon en se rapprochant pour voir l'étoile de plus près.

— Moins extraordinaire, sire, que la mémoire de votre majesté.

— Eh bien! c'est cela, reprit Napoléon d'un air réfléchi; si les choses changent encore pour moi, il te suffira de montrer cette étoile à mon fils, à qui j'enverrai le croissant; et quand il sera grand, il exécutera mes intentions en payant les dettes d'honneur que son père lui aura léguées.

Ces mots : *Si les choses changent encore pour*

moi, étaient dans la bouche de l'empereur un de ces pressentimens qui ne l'ont jamais trompé. Des larmes vinrent aux paupières de Krettly.

— Ah! sire, ne parlez pas ainsi, lui dit-il avec attendrissement : vos paroles font trop de mal!

— Mon pauvre ami, tu les interprètes tout de travers, reprit avec émotion l'empereur. Elles n'ont d'autre sens, en ce moment, qu'une simple prévoyance pour toi.

— Merci, sire; mille fois merci!

— Surtout, garde pour toi seul ce que je viens de dire... maintenant tu vas retourner dans ton département, n'est-ce pas?... alors rappelle-toi que j'y ai besoin de tes services... de ta vieille amitié, ajouta-t-il en ouvrant ses bras à Krettly, qui s'y précipita tout éperdu. Cet embrassement fut le dernier qu'il reçut de l'empereur.

Le surlendemain, Napoléon prenait la route de Belgique, Krettly suivait celle du midi. S'étant arrêté quelques jours à Lyon, Krettly y apprit les résultats de la bataille de Waterloo, et prévit quelles en seraient les funestes conséquences. Le drame héroïque de la vie de Krettly était en effet terminé. Il redevint garde-général des eaux et forêts, comme devant ; mais à peine était-il de retour dans sa famille, qu'un de ses chefs qui n'osait encore demander officiellement sa destitution, le dénonça aux employés supérieurs de l'administration ; il fut signalé par le parti triomphant, comme un des *brigands de la Loire*. Cet homme, disait l'un, a été admis dans l'intimité du *tyran* pendant les cent jours. C'est un des séides de Bonaparte, disait l'autre. Un buveur de sang, disait celui-ci. Il a tué de ses mains plus de cinquante de nos amis les alliés, ajoutait celui-là. Ces stupides clameurs devinrent tellement violentes, que Krettly craignant enfin que la populace ameutée contre lui, ne se livrât envers sa famille à de coupables excès, suivit le sage conseil qu'on lui donnait. Il quitta sa place et vint à Paris pour tâcher de s'y créer de nouveaux moyens d'existence.

Quelques incidens signalèrent ce triste voyage.

Arrivé près de la petite ville de Tain, il fit rencontre d'un régiment autrichien. Un des soldats, par bravade sans doute, donna dans sa voiture un si vigoureux coup de crosse de fusil qu'il enfonça le panneau. Krettly n'eût pas fait attention à cette plaisanterie toute germanique, si trois autres soldats n'eussent arrêté sa voiture en se précipitant sur la portière, qu'ils ouvrirent avec violence. Krettly saisit ses pistolets, et mettant le doigt sur la détente : Qu'y a-t-il pour votre service ? leur demanda-t-il froidement.

— Royaliste ou bonapartiste ? lui crièrent les soldats en baragouinant le français.

— Je ne suis ni l'un ni l'autre pour le moment, leur répondit Krettly, mais il fut un temps où j'étais beaucoup *l'autre*, et à cette époque je vous eusse fait tous trotter à la plate-longe. Voilà tout ce que je puis vous dire, ajouta-t-il en tirant à lui la portière de sa voiture. J'ai l'honneur de vous saluer.

Il est probable que les Autrichiens, ne comprirent de ce discours que le salut qui le terminait, car ils laissèrent l'orateur continuer paisiblement sa route. Arrivé à Châlons-sur-Saône, Krettly y laissa sa famille. Il vint seul à Paris, et se logea chez une de ses sœurs. En sa qualité d'officier retraité, il était obligé de se présenter à l'état-major de la place pour avoir un permis de séjour. Il crut faire merveille en endossant pour cette visite officielle l'uniforme de son ancien régiment des guides. A peine était-il entré dans le cabinet du général commandant, que celui-ci le regardant de travers, lui demanda d'un ton dédaigneux : Est-ce que vous avez servi dans l'ex-régiment des ex-chasseurs de l'ex-garde de l'ex-*usurpateur?*

— Oui, mon général.

— Combien d'années?

—Vingt-et-un ans consécutifs.

— Vingt-et-une années consécutives de brigandage, reprit celui-ci avec l'accent du mépris.

—Mon général, répliqua tranquillement Krettly, je me souviens parfaitement d'avoir eu l'honneur de servir sous vos ordres à Alexandrie, à Berlin et à Varsovie.

A ces mots, le général entra en fureur; et, frappant de ses deux poings fermés le bureau devant lequel il était assis, s'écria avec exaspération : Non, vous n'aurez pas de permis de séjour! je ne vous en donnerai pas.

Il y avait derrière lui un vieil officier émigré, assis devant un bureau; ce devait être son chef d'état-major, à en juger par le nombre de décorations étrangères dont il avait la poitrine chamarrée; il était resté jusqu'alors spectateur muet de cette scène, et s'était contenté de faire au solliciteur quelques signes d'intelligence pour l'engager à se modérer. Krettly s'était contenu.

—Mon général, se hasarda à dire doucement l'émigré, il faudrait cependant que cet officier, malgré ses *opinions*, n'eût pas la crainte d'être arrêté à Paris s'il y a affaire.

—Eh bien! donnez-lui votre signature si vous voulez, répondit aigrement le général; quant à la mienne, il ne l'aura jamais.

En effet, Krettly n'ayant pu obtenir le permis de

séjour qu'il sollicitait, prit gaiement son parti, et sans calculer les suites de ce refus, salua le général en disant : On s'en passera.

Krettly ne possédait pour toute fortune, que sa pension et la dotation affectée à sa croix, lesquels n'étaient pas payées par le gouvernement de la restauration. Il se trouvait dans la position la plus critique, lorsqu'un fâcheux incident vint encore aggraver cette situation : nous voulons parler du procès politique que le général Debelle eut à soutenir devant la cour des pairs au commencement de l'année 1816. Krettly y figura comme témoin. A l'issue des débats, signalé à la police comme un homme *exalté et dangereux*, il fut mis en surveillance *spéciale*, comme la plupart des officiers qui avaient fait partie de la garde impériale, et dès lors commença pour lui une suite de vexations et de persécutions.

La prudence lui faisait une loi de ne plus loger chez sa sœur ; et bien lui en prit, car le lendemain même du jour où il en était sorti, un commissaire de police, accompagné de deux accolytes et de quatre gendarmes, vint dès six heures du matin pour l'arrêter. Ne le trouvant pas, il se contenta d'opérer une visite domiciliaire des plus minutieuses, et se retira honteux d'avoir laissé échapper sa proie. Malheureusement la sœur de Krettly, qui avait entendu prononcer les mots de *conspiration*, de *chambre des pairs*, etc., craignant cette fois pour les jours de son frère, eut l'imprudence d'aller immédiatement au logement qu'il avait loué dans le faubourg Saint-Germain, pour l'avertir du péril qui le menaçait. Elle fut suivie par un des gendarmes : cela devait être. Un quart d'heure après, la maison était cernée. Krettly prend sur-le-champ son parti : armé jusqu'aux dents, et déterminé à tenter le passage à travers les estafiers, il est déjà sur le pallier lorsqu'il aperçoit un gendarme qui cause avec la portière, dont la loge est située au milieu de l'escalier.

— Madame, lui dit-il très haut, avec audace,

donnez-moi donc l'adresse du propriétaire. Il fume chez moi à ne pas y tenir, ajoute-t-il en regardant le gendarme en face.

Tandis que celle-ci cherche une plume pour écrire cette adresse, le gendarme s'approche de Krettly et lui demande :

— Monsieur est locataire de la maison ?

— Oui, monsieur !

— Alors ne connaîtriez-vous pas un officier de la vieille garde, qu'on appelle M. Cret... Diable de nom! Attendez, j'ai là le mandat et le signalement de l'individu.

— Ah ! oui ; M. Bamboche, voulez-vous dire ?

— Dutout! réplique le gendarme en souriant, le nom ne ressemble pas à celui-là : il finit en *i*.

— Alors, nous nous trompons tous les deux, reprend froidement Krettly. Bien obligé, madame, dit-il ensuite à la portière qui lui remettait l'adresse du propriétaire ; puis descendant avec une tranquillité apparente, les quelques marches qui conduisaient à la porte de la rue, il s'esquiva subitement.

Quitter Paris et la France, était de toute nécessité. Krettly se réfugia en Belgique, et se rendit à Bruxelles. Nous avons dit qu'il était musicien, et qu'il jouait également bien de plusieurs instrumens. Et en effet, au retour de Marengo, il était allé souvent chez Eugène Beauharnais, exécuter avec son colonel des duos de flûte qui se terminaient ordinairement par un assaut d'armes. Krettly songea donc à donner à Bruxelles des leçons d'escrime et des leçons de musique. Une place de première flûte au théâtre du Parc étant venu à vaquer, l'ex-trompette-major se mit sur les rangs, et selon son habitude, la place fut emportée d'assaut.

Sur ces entrefaites, des officiers belges avec lesquels il s'était lié, apprenant que le vieux soldat avait laissé forcément sa femme et ses enfans à Paris, les firent venir secrètement à Bruxelles, et un beau matin Krettly entend frapper de petits coups à sa porte.

— Qui est là? demanda-t-il en se réveillant en sursaut.

— C'est moi, répondit une douce voix dont le son lui fait battre le cœur.

Il va ouvrir : c'était madame Krettly.

Il faut avouer qu'une telle surprise eût causé à bien des maris une émotion moins agréable.

Une place assez lucrative, qu'un général belge lui fit obtenir plus tard, vint procurer à sa famille une sorte d'aisance. Dans cette conjecture, il pensa à rentrer en France, et alla se fixer à Maubeuge. Le maréchal Gouvion-Saint-Cyr, alors ministre de la guerre, à qui il s'adressa pour obtenir cette autorisation, la lui fit expédier courrier par courrier ; mais une circonstance imprévue devait bientôt porter au vieux soldat un coup plus rude que tous ceux qu'il avait reçus. On se rappelle le fameux procès de la conspiration du 19 août 1820, conspiration dont le secret vint mourir entre les mains de Krettly. Ce complot avait pour but de renverser Louis XVIII, et de mettre à sa place le fils de l'empereur, avec le prince Eugène pour régent. Le 19 août, tout fut découvert, et la police de Paris se mit à la piste des conjurés.

Krettly apprit trois jours après les détails de ce complot avorté, de la bouche d'un homme qui vint à Mons, pour lui demander asile. Cet homme, c'était Maziau, l'un des chefs principaux de la conspiration, avec qui il avait servi dix ans dans les chasseurs de la vieille garde, et dont les enfans avaient été élevés avec les siens. Il n'en fallut pas davantage pour le compromettre. Après beaucoup de démarches tentées dans l'intérêt du fugitif, celui-ci disparaît tout-à-coup, et Krettly est mandé, un mois après, comme témoin, à la cour des pairs, qui a instruit le procès.

Dans les divers interrogatoires qu'il eut à subir, il montra une présence d'esprit et une générosité vraiment admirables. Il avait juré à son ancien camarade de ne jamais le trahir. Il tint parole.

— Qu'avez-vous fait de Maziau? lui demande le président de la cour des pairs.

— Il s'était arrêté un moment chez moi avant

d'aller à Anvers, où, disait-il, il avait affaire. Il partit, et je n'en ai plus entendu parler.

— Il vous avait remis des fonds pour payer les frais du voyage que vous deviez faire avec sa femme, qui voulait aller chercher ses enfans ?

— Il me donna douze napoléons.

— Dites douze pièces de *vingt francs !* interrompit d'un ton aigre le procureur-général.

— Deux cent quarante francs ; soit ! dit Krettly.

— Mais c'est chez vous qu'on a perdu la piste de cet homme? reprit le président avec impatience. Nous savons que depuis, il a fort mal agi à votre égard. Pourquoi ne pas rendre service au gouvernement en indiquant le lieu de sa retraite ?

Une telle invitation frappe toujours désagréablement l'oreille d'un honnête homme, et pour l'éluder, Krettly répondit :

— Maziau a abusé de ma confiance et de ma bonne foi, c'est la vérité ; aussi m'est-il devenu odieux ; mais si je savais où il est caché, au lieu de le livrer à la justice, je lui brûlerais la cervelle.

— Vous n'êtes donc pas l'ami de votre pays? lui demanda l'un des pairs.

— Pardon : je suis l'ami de mon pays et des lois de l'honneur.

— En ce cas, dit alors le général Rapp, vous saurez que les lois et l'honneur vous ordonnent de déclarer où est cet accusé.

Ces instances fatiguaient Krettly; il répondit avec dignité :

— Général, quand il serait en mon pouvoir de livrer Maziau, je ne le ferais pas : livrer un homme qui est venu se jeter dans les bras d'un ancien camarade pour sauver sa tête, serait une lâcheté. Et vous le savez, mon général, un vieux soldat, qui a vingt blessures sur le corps, qui a reçu plusieurs armes d'honneur en Égypte et en Italie, qui a gagné ses épaulettes sur les champs de bataille d'Austerlitz et d'Eylau, ne livre jamais un compagnon d'armes, quelque coupable qu'il soit, lui offrirait-on en échange toutes les richesses du monde, car ce serait une action infâme.

— Mon ami, vous comprenez mal vos devoirs, répliqua Rapp d'un ton sec.

— Les devoirs d'un soldat, mon général, reprit Krettly avec feu, sont de défendre sa patrie, de montrer sa poitrine à l'ennemi, d'obéir aveuglément à ses chefs, et de leur sauver la vie quand il le peut!... J'ai connu un brave général à Austerlitz, continuat-il en fixant des regards animés sur Rapp, qui reçut un coup de sabre d'un Russe, d'un soldat du train, au moment où, placé à notre tête, il se précipitait sur les pièces de canon ennemies. Il avait été blessé au front, et son chapeau était à terre; prompt comme l'éclair, un sous-officier ramassa le chapeau d'une main, et de l'autre tua le soldat russe. Ce général, c'était vous, monseigneur; ce sous-officier, c'était moi!

Rapp ne répondit pas, mais il fut visiblement ému, et l'interrogatoire en resta là.

Les conséquences de cette malheureuse affaire devinrent de plus en plus funestes à Krettly. Tandis que son temps se passait en confrontations et en interrogatoires, ses associés, n'entendant rien à l'exploitation d'une petite fabrique qu'il avait fondée, le ruinèrent. Krettly vendit tout ce qu'il possédait pour payer les dettes de l'association et revint à Paris avec sa famille. Il y vivait assez tranquillement, lorsque tout-à-coup le tocsin des trois jours vint à sonner l'agonie de la restauration. Juillet 1830 fournit au vieux trompette l'occasion de *secouer la poussière* qui avait terni sa carabine d'Égypte. Il prit part à la fusillade populaire, et fut le général d'une foule de soldats improvisés.

Neuf années se sont écoulées depuis. Et maintenant, veut-on savoir ce qu'est devenu l'homme qui a fait captifs des pachas, l'homme qui s'est entretenu familièrement avec Napoléon et Sidney Smith, qui a sauvé la vie à des généraux devenus célèbres dans l'histoire, qui a rougi de son sang le terrain de vingt champs de bataille? Veut-on savoir à quelle condition infime en est réduit aujourd'hui ce Krettly, si audacieux devant les pyramides, si infatigable dans les marais de la Pologne, si hardi dans les plaines de Marengo, d'Austerlitz, d'Iéna, d'Eylau, de Friedland, si brave, si désintéressé et si loyal toujours?

Dans un coin obscur de l'orchestre d'un théâtre du boulevard du Temple, voyez ce petit homme à cheveux blancs dont l'œil lance encore des éclairs, et dont les mouvemens sont pleins de vivacité. il tient dans ses mains nerveuses un de ces stradivarius à cent écus la douzaine. La pose de ce corps sillonné de tant de blessures, brisé par tant de fatigues, révèle encore l'âme et le cœur qu'il recèle.

Eh bien! cet homme, c'est Kretly, modeste MU-SICIEN A L'ORCHESTRE NON MOINS MODESTE DU THÉATRE DE LA GAITÉ.

C'est à cette place que celui qui s'est si souvent mesuré le sabre à la main avec les plus braves soldats de l'Europe, qui tant de fois a bravé le cimeterre égyptien, la lance russe, la baïonnette prussienne, la mitraille autrichienne, sans baisser la tête devant la mort, la courbe maintenant chaque soir, quand l'impatience et le mécontentement du *paradis* se traduisent par quelques-uns de ces projectiles, dont le gamin du lieu est très prodigue envers les acteurs. Que de fois, au milieu de ces cataclysmes populaires de fruits à moitié rongés, n'a-t-on pas vu l'ancien porte-étendard des guides, mettre une main sur sa poitrine pour épargner une souillure au ruban rouge qui décore sa boutonnière et qui compose désormais toute la fortune et toute la consolation du vieux soldat!

LOISIR IMPÉRIAL.

Un jour, à une magnifique chasse de l'Empereur
à Fontainebleau, son cheval, emporté par le bruit
des cors, les cris de la meute et la chaleur d'une
journée étouffante, le conduisit seul dans un taillis,
loin des chemins battus, s'élança d'un bond violent,
franchit une palissade élevée, et glissa dans un vide,
où son corps à peine put s'enfoncer. Le cavalier,
saisi au cou par une branche de chêne, abandonna

les guides, et tomba dans le fourré. Il poussa un léger cri, et se releva tout déchiré de ses vêtemens, de ses mains et de sa figure. Près de là était la cabane d'un pauvre garde de la forêt, lequel, entendant un remue-ménage inaccoutumé, prit son fusil et s'avança avec prudence, supposant un cerf blessé, ou un loup cherchant un gîte. Le brave homme appuya, tout en marchant, son arme sur l'épaule; il s'arrête après quelques pas, il écoute, il s'agenouille, il vise à tout hasard, et au moment où il allait commettre un régicide, sa femme qui l'avait suivi, détourne l'arme, et lui dit d'une voix douce et effrayée à la fois :

— Ne tire pas, Grégoire, c'est un homme.

— Oui, un homme fort embarrassé, répondit l'Empereur, et qui vous demande du secours pour son cheval et pour lui.

Grégoire s'éloigna, et sa gentille ménagère, prenant les branches d'une main et les ronces de l'autre, parvint auprès de Napoléon, lui tendit la main, et après l'avoir tiré de sa situation périlleuse, le conduisit jusqu'à sa cabane.

— Vous êtes une brave et digne personne, dit l'Empereur en s'asseyant sur une chaise boiteuse ; je vous récompenserai de votre service. Êtes-vous seule dans cette demeure?

— Avec mon mari et ma nièce.

— Où est-elle votre nièce.

— Derrière le lit, où elle se cache : elle a peur de tout et peur de rien. Allons, Marie, viens saluer monsieur.

Marie se dressa tout doucement, leva la tête en baissant ses yeux recouverts par de longues paupières, fit un pas, puis deux, puis recula de trois, osa davantage, glissa plutôt qu'elle ne marcha vers l'inconnu, et quand enfin elle voulut reculer encore, elle se trouva assise sur les genoux de l'Empereur.

— Est-elle nigaude! dit sa tante en la poussant du coude.

— Elle est timide et voilà tout. Au reste, elle est si jolie, qu'elle a grand tort de se cacher ainsi.

— C'est ce que je lui dis tous les jours. Moi, par exemple, si je ne m'étais pas bravement montrée, Grégoire ne m'aurait pas vue, il ne m'aurait pas aimée, pas épousée, et je ne serais pas aujourd'hui gardienne de la forêt impériale.

—Combien gagnez-vous par an?

— Deux cents écus; et nous économisons pour la dot de Marie.

— Je ferai augmenter vos appointemens.

—Vous connaissez donc quelqu'un au château?

—Oui, un palefrenier qui me protégera, j'espère.

—Si vous étiez un cheval, passe. Mais à propos de cheval, qui sait ce qu'est devenu le vôtre?

—Votre mari le retrouvera ; mais vous, mon enfant, ne seriez-vous pas bien aise de faire comme votre tante, de rencontrer un autre Grégoire, et avoir aussi une place de garde dans la forêt impériale?

—Non, *sire,* répondit-elle tout bas.

—Taisez-vous, Marie, taisez-vous! murmura l'Empereur.

—Monsieur veut-il une tasse de lait, demanda la femme de Grégoire, qui n'avait pas entendu les derniers mots.

—Volontiers.

—Allons, je vous abandonne ma nièce ; elle est triste, rêveuse, faites-la rire un peu, et surtout soyez sages.

Toinette sortit.

—Vous m'avez-donc reconnu, dit l'Empereur

à la jolie et tremblante fille, qu'il plaça avec bonté sur une chaise voisine.

— Oui, sire, et pourtant je n'ai eu l'honneur de vous voir qu'une fois, et de loin encore.

— Et vous ne m'avez pas oublié.

— Le souvenir des actions généreuses s'efface difficilement ! et, selon votre habitude, sire, vous répandiez des bienfaits.

— A quoi passez-vous votre temps ici ?

— Je travaille et je pense.

— Penser est souvent une bonne chose.

— Et souvent aussi une chose fort douloureuse.

— A votre âge, quel malheur pouvez-vous avoir éprouvé ?

— A mon âge, sire, le cœur peut être flétri, une espérance est là ; on la saisit avec transport, on s'en empare, et un beau jour la désillusion arrive, on est seule au monde, on pleure en silence, on meurt.

— Quel langage ! quelles expressions ! quelle âme ! Ma jeune enfant, vous m'intéressez, et pourtant je ne veux pas que vous vous plaigniez de mon indiscrétion, j'attendrai que vous ayez foi en ma protection désintéressée ; je jure de vous assurer contre toute infortune, contre toute injustice, contre toute lâcheté, et si l'on vous a parlé de moi comme je mérite qu'on en parle, vous savez si je tiens mes promesses.

—J'entends ma tante, dit rapidement Marie, dont la suave figure exprimait la reconnaissance la plus vive.

Quand Toinette rentra, elle vit des pleurs dans les yeux de Marie, et lui dit :

—Tu auras fait la sotte, et monsieur t'aura grondée, c'est sûr ; les petites filles qu'on met en pension et qui remportent des prix, ça ne sait rien, ça ne comprend rien. Allons, essuie tes larmes, ou je prie monsieur, qui a l'air d'un bon enfant, d'en prendre une avec un baiser.

—Oh! non, ce serait trop mal; je n'oserais pas.

—Laissez donc, vous êtes un hypocrite; vous oseriez si je vous le disais une seconde fois; mais je crois entendre un cheval, c'est mon mari sans doute.

—Voyez si c'est lui.

Dès que Toinette fut à la porte de la cabane, l'empereur dit tout bas à Marie, en lui serrant affectueusement la main :

—Silence, mon enfant; vous avez du chagrin, je veux être votre confident; ne me nommez pas, et quoi que vous voyez, quoi qu'il arrive, laissez-moi inconnu ici.

—Voilà le cheval! s'écria Toinette.

L'Empereur partit après avoir bu une demi-tasse de lait, remercié ces bonnes gens, et glissé une pièce d'or dans la main de Grégoire, en jetant un regard d'intelligence sur la jeune et charmante Marie.

Le lendemain, en allant mettre ordre au dégât causé par le cheval de l'inconnu. Toinette trouva sur le sol une bourse contenant cent napoléons. Elle rentra vite à la maison, fit part à sa famille de l'heureuse trouvaille ; le mari prit la bourse pour la porter au garde principal de la forêt, et Marie murmura tout bas :

—Déjà ! déjà !

Le garde principal dit à Grégoire : Cette bourse vous appartient, c'est la loi de la forêt, seulement vous êtes tenu de donner un napoléon aux pauvres.

—J'en donnerai deux.

— A votre aise.

A quelques jours de là, tandis qu'un rapide orage pesait de toute sa violence sur la contrée, et forçait les gardes de la forêt à tenir leur porte close, deux petits coups se firent entendre dans la demeure de Grégoire.

— Quelque pauvre piéton égaré, dit le maître.

—C'est lui ! soupira Marie.

C'était lui en effet.

—Il est écrit là-haut que je vous serai toujours redevable, dit l'étranger en s'asseyant ; l'orage m'a surpris, et je m'estime heureux que votre cabane se soit trouvée près de moi.

—M'est avis, poursuivit gaillardement Toinette, que c'est vous qui étiez près de la cabane, et que ce n'est pas par hasard.

—Comment cela ?

—Marie ou moi, nous vous avons donné dans l'œil, et vous rôdez autour de nous.

—Ça se pourrait bien, grommela Grégoire.

—Quelle bonté! dit le cœur de la jeune fille.

—N'avez-vous pas, dit Grégoire, perdu l'autre jour une bourse pleine d'or?

— Non.

— C'est que voyez-vous, nous vous l'aurions rendue, malgré l'usage.

— Elle ne m'appartient pas.

— Tant mieux, soit dit sans vous fâcher.

— A propos encore, voulez-vous une tasse de lait?

— A condition que la gracieuse Marie me la servira.

— Entendu. Mais regardez donc la boudeuse ! elle n'ose ni lever les yeux, ni ouvrir la bouche; elle se tient là comme un poteau. Dis donc, es-tu fâchée que monsieur vienne nous faire visite? parle, nous le prierons bien vite de déguerpir. Paix du ménage avant tout.

— Non, répondit timidement Marie, monsieur peut venir quand il voudra; il trouvera toujours ici bon accueil.

— A la bonne heure, dit Toinette, j'en étais sûre Figurez-vous, monsieur, qu'elle nous a parlé de vous plus de vingt fois, sans compter les fois qu'elle y a pensé en cachette. Ces jeunes filles, c'est si imprudent!

L'Empereur souriait, Marie tremblait de tous ses membres en servant la tasse de lait. Grégoire fumait une pipe et envoyait des bouffées sur la figure de son hôte , tandis que Toinette cousait une veste déchirée.

—Voilà le grain passé, dit un moment après l'empereur ; si vous avez confiance en moi , je prierai Marie de prendre mon bras et de faire ainsi un tour de promenade dans la contre-allée.

— La terre est bien mouillée , dit-elle.

— Allons allons , petite mijaurée, il ne faut pas être délicate comme ça. Prenez le bras de monsieur, mais ne vous éloignez pas trop.

Marie obéit, et Grégoire, en les suivant de l'œil, dit à sa femme : Eh ! eh ! ça pourrait bien s'arranger ; nous lui donnerions pour dot les cent napoléons de la bourse, et il ne serait pas si à plaindre.

— Il n'a pas l'air d'en avoir besoin, on dirait un homme riche.

— Eh! bien, un pécule ajouté à un pécule, ça fait deux pécules ; nous reparlerons de tout ça.

L'Empereur, appuyé sur le bras de Marie, voulut savoir comment elle le connaissait, et celle-ci raconta qu'un jour, en se promenant devant le château avec son parrain, elle l'avait vu entouré de beaucoup de généraux, marcher à pas lents; qu'un cabriolet, qui passait par là, avait renversé un pauvre homme ; que lui, l'Empereur, s'était précipité, qu'il avait recommandé le blessé à son chirurgien, et qu'il lui avait envoyé le lendemain une grosse somme d'argent ; ces choses-là, dit-elle, restent toujours dans le cœur.

— Ainsi donc vous me croyez bon et généreux?

— Oui, sire !

— Et pourtant vous me craignez.

— Ce n'est pas vous que je crains, c'est moi. On n'aurait pas dû me mettre dans une pension ; je n'aurais pas appris à penser, et je serais plus heureuse.

— Que manque-t-il à votre bonheur ?

— Du calme, du repos... Revenons sur nos pas, sire ?

— Vous avez raison, rentrons, Marie, dit l'empereur avec un soupir à demi étouffé.

— Oh ! vous serez généreux comme le jour de l'aumône ; et je vous bénirai.

— Et avec tout cela, je ne sais rien des motifs de votre tristesse, je ne sais rien de ce qui fait couler vos larmes ; voyez, j'attends.

— C'est qu'il est des douleurs qu'on étouffe dans sa poitrine, en les révélant on risque de perdre l'estime des hommes. Sire, attendez encore.

Grégoire et Toinette se montrèrent en ce moment

au bout de l'avenue; ils accouraient à toutes jambes. et levaient les mains en l'air.

— Je suis reconnu, dit tout bas l'Empereur.

—De la joie! de la joie! s'écria Grégoire du moment qu'il put se faire entendre, le principal garde de la forêt sort de chez nous, et par ordre de l'Empereur il a augmenté nos appointemens de six cent livres. Dites, monsieur, est-ce que vous nous avez recommandés au palfrenier en question? il paraît qu'il est bien en cour.

— Cette faveur vous vient d'autre part sans doute.

— Qu'importe comment elle vient! elle est bien reçue. Et maintenant que nous voilà riches, nous irons à la bonne franquette; voulez-vous être riche comme nous, v'là Marie qui vaut un trésor, v'là nos 600 livres qui en sont un autre; prenez-les tous deux et le curé de l'endroit fera le reste.

— J'y songerai. Grégoire.

— Vous y songerez, dites vous ! Ce n'est pas comme ça que je l'entends, et je croyais que vous y songiez déjà. Un mari, bien; un enjôleur, un amoureux, bernique. Laissez ce bras et bonsoir. Quand vous serez décidé, revenez, sinon adieu pour toujours; nous n'ouvrons la porte qu'aux honnêtes gens. Grégoire prit rudement le bras de Marie, et l'Empereur, qui allait s'éloigner, s'arrêta tout à coup, car il vit de loin un uniforme; c'était Duroc qui allait à sa recherche.

— Taisez-vous, mes amis, murmura rapidement l'inconnu, ne dites à personne que je me cache dans la forêt; je serais perdu. Et il disparut

— C'est un coquin, dit Grégoire.

— C'est un voleur, dit Toinette.

Marie soupira et garda le silence.

— Braves gens ! avez-vous vu l'Empereur? dit Duroc en arrivant près des trois promeneurs pensifs.

— Non, monseigneur, ni lui, ni sa suite.

— Il n'a pas de suite.

— Nous ne l'avons pas vu.

Duroc allait s'éloigner, quand la jeune fills, le tirant doucement par l'habit, lui fit signe du doigt qu'il était entré dans le taillis.

— Toujours quelques bienfaits cachés, se dit le maréchal en lui-même.

— Nous veillerons sur le vaurien, ajouta Grégoire, l'Empereur a parfois l'habitude de se promener seul, et un mauvais coup est bientôt donné.

Il y eut en peu de temps de grandes mutations dans le personnel de la forêt de Fontainebleau : les grades récompensèrent bientôt les services ignorés de Grégoire et de sa femme ; et les faveurs furent si promptes, qn'au bout de quelques mois le mari de Toinette se vit nommé inspecteur en chef. Le palfrenier des écuries impériales avait tant de pouvoir et se trouvait si favorablement disposé pour les braves époux, que la fortune venait avec les hon-

neurs', et qu'il n'y avait pas de semaine que Grégoire, dans ses diverses excursions, ne trouvât quelque bijou perdu à dessein, ou quelque bourse assez
mal enfouie pour qu'il pût la découvrir sans beaucoup trop chercher. Mais ce qui faisait souvent l'é-
loge de ces honnêtes gens, c'est que loin de mettre
Marie pour quelque chose dans leur bonheur, ils
s'en félicitaient seulement dans l'espérance de pouvoir plus tard assurer son avenir. La soupçonner
d'une intrigue, surtout d'une intrigue amoureuse,
c'était une pensée qu'ils auraient repoussée avec hor-
reur; ils ne voyaient dans les fréquentes visites de
l'inconnu, qui se fesait appeler *M. Maurice*, qu'une
affaire d'habitude capable de devenir un besoin dans
la suite, et dans la tristesse de Marie qu'un premier
sentiment de préférence dont le péril ne se montrait
à eux que dans un lointain fort éloigné.

Un soir, qu'après une journée très-froide, M. Maurice, couvert d'un manteau brun, s'acheminait vers
la maison de Grégoire, il entendit un soupir s'é

chapper d'auprès d'un bouquet de jeunes chênes verts formant un berceau; il s'approcha, et vit accroupie et sanglotante la discrète Marie, insensible au froid qui la saisissait.

— Oh! pour le coup, vous parlerez.

— Oui, je parlerai, sire, car mon silence serait de l'ingratitude, mais le nom du coupable je ne le dirai pas.

— Il y a donc un coupable?

— Oui, sire.

L'infortunée se dressa sur ses genoux, sa tête resta penchée, ses yeux s'attachèrent au sol; sa pâleur mortelle, ses cheveux épars, et ses mains croisées sur la poitrine, la faisaient ressembler à la sublime statuette du *Repentir* de Canova.

— Je vous écoute, dit l'empereur.

Et Marie continua au milieu des sanglots.

—Là-bas, à cent pas de la petite maison où Votre

Majesté s'est présentée à nous pour la première fois, je pensais, une nuit, à ma douteuse destinée, car les bons Servant ne sont pas mes parens, sire ; seulement je leur ai été confiée par une personne qui m'est toujours restée inconnue. Elle me remit à Grégoire avec une forte somme d'argent ; cet argent fut noblement dépensé à me donner une belle éducation, car on espérait qu'un riche et puisant seigneur viendrait un jour me réclamer, mais vainement.

« Orpheline et désolée, je me suis habituée à regarder ces braves gens comme mon unique famille, et près d'eux je m'applique à oublier ce que j'ai appris en pension.

« Un soir donc que, seule et pensive, je m'étais un peu éloignée de la cabane, un homme vêtu d'un brillant uniforme s'élance sur moi comme un désespéré..... Je le connaissais, sire, je lui avais promis mon amour ; il devait m'épouser.... Je priai, je suppliai ; il tira un pistolet de sa poitrine, et voulut se brûler la cervelle ; je tremblai, je succombai, j'étais morte.

— Et cet homme, quel est-il ? dit l'Empereur en frémissant de colère.

— Un lâche ! un infâme !.... il était marié.

— Nommez-le... nommez-le donc ! j'attends.

— Je ne le nommerai pas, sire.

— Il le faut, je l'exige, je l'ordonne.

— Je ne le nommerai pas ; je suis mère....

— Infamie et malédiction !

— Oui, je vais être mère, sire, et Grégoire me tuera, voyez-vous, ou je me tuerai ; car ma faute retombe sur lui, car mon honneur, c'est le sien.

Marie cessa de parler, ses lèvres, violettes, s'ouvrirent sans pouvoir murmurer une seule parole ; ses yeux seuls levés avec effort interrogèrent l'Empereur, pâle comme la jeune victime.

— Il faut me nommer cet homme ; je vous ai promis ma protection , elle ne peut vous être stérile. Marie! Marie! le nom de cet homme! le nom de ce misérable ! La main qui soutient l'infortune doit aussi frapper l'infamie.

— Grâce , je ne l'aime pas, je ne l'aime plus.

— Je vous comprends , je vous approuve, mais enfin voulez-vous que mes conseils et mon amitié vous viennent en aide?

— Je n'ai de foi qu'en vous, sire, et en Dieu.

— Vous serez mariée, mariée dans huit jours.

— Mais sire....

— Ne craignez rien.

La jeune fille promit d'obéir , sans trop soupçonner les projets de l'Empereur , mais bien résolue à avouer son malheur à celui qu'on semblait lui destiner. Napoléon lui défendit toute révélation à ce sujet, et l'aidant à se relever, il lui dit d'une voix consolante : Espérez , Marie; mais n'implorez pas la grâce du coupable, si je le découvre.

Le lendemain, à peine était-il jour, qu'un envoyé du château arriva dans la demeure de l'inspecteur, stupéfait, et sans préambule, lui parla ainsi :

— Je viens, monsieur, pour vous faire une proposition de mariage.

— Là ! dit la femme toujours prête à babiller, qu'est-ce que j'avais prédit ? Marie ! Marie ! viens donc, accours, arrive, voici du bonheur ! tu ne pleureras plus...

Et Marie rentra toute pâle et tremblante.

— Il vient te demander en mariage, mon enfant.

— Qui donc ? dit Marie d'une voix douloureuse.

— Lui.

— Non, ma tante.

— Si, si, voilà monsieur qui est bien gentil, et qui vient pour ça.

— Ne le croyez pas, ma tante.

— Est-ce que ce serait une frime? dit Grégoire entre ses dents.

— Ce n'est pas une *frime*; poursuivit l'envoyé; je viens demander la main de mademoiselle Marie pour un protégé de l'Empereur; mais cet homme n'a jamais eu l'honneur de voir mademoiselle.

—Ah! ah! fit Toinette, il paraît qu'il venait pour un de ses amis. Eh bien, tant pis! celui-là nous allait; il avait l'air si honnête.

Marie s'était laissée tomber sur un siége.

— Que dois-je répondre? demanda l'envoyé.

— Que j'obéirai, dit Marie d'une voix éteinte.

— Allons, c'est le palfrenier dont il nous a parlé; je vois ça, continua Grégoire, avec sa perspicacité ordinaire.

— Vous vous trompez, monsieur. Demain, au château où j'ai l'ordre de vous conduire dans un équipage de la cour, vous saurez tout.

— A demain.

— J'ai l'honneur de saluer toute la famille.

— Au revoir, monsieur.

La voiture était de bonne heure à la porte de l'inspecteur ; on y prit place ; Grégoire et sa femme, endimanchés des pieds à la tête, et Marie ; ainsi qu'une jeune martyre vêtue d'une simple robe, blanche comme son front. En quelques instans on arriva, et l'on entra dans un riche salon du rez-de-chaussée ; deux officiers supérieurs vinrent saluer les nouveaux hôtes ; Marie se leva à peine, et fit une révérence timide.

Grégoire disait : C'est celui de droite ; sa femme soutenait que ce devait être celui de gauche. Ce n'était ni l'un ni l'autre. Peu après, un valet en grande livrée annonça M. de F..., qui s'avança d'un air frétillant et avantageux comme s'il avait donné le bras au mérite ; il lança à Marie un ridicule compliment sur la fraîcheur de son teint, qu'il compara à des bouquets de lys et de roses, tandis que la pauvrette était pâle comme un cadavre. Il lui prit cavalièrement la main , y appuya ses lèvres , et s'assit sur un fauteuil qu'on lui offrit.

— Il ne me va pas du tout, dit tout bas Grégoire; il a l'air d'une sauterelle.

— Ni à moi, répondit Toinette.

— Hélas ! soupira Marie.

Il y eut un moment de silence et de tristesse, pendant lequel la bouche seule de M. F...souriait.

— L'empereur! dit une voix sonore, L'empereur ! Et tout le monde se leva , excepté Marie , à qui les forces manquaient.

— Miséricorde! femme , M. Maurice....

— Ciel de Dieu! c'est lui.... vois comme il est beau !

— Plus que ça.

— Je crois bien.

— Décidément, il ne pouvait pas l'épouser. Elle , Marie ; une *empereuse* !

Napoléon s'approcha de Marie, la prit doucement par le bras, l'aida dans sa marche, et lui dit à
voix basse :

— Courage, mon enfant.

— Sire, je vais être bien malheureuse !

— Peut-être.

— Je ne pourrai jamais aimer cet homme.

— Vous n'y êtes pas condamnée ; c'est un cœur
droit, mais plein de vanité, de ridicules. Il n'a guère
de foi qu'en son génie, et le génie lui fait défaut.

— Pourquoi donc ce choix ?

— C'est encore mon secret.

— J'ai peur, sire.

— Ne suis-je pas là, Marie, et ne vous ai-je pas
dit que je voulais être votre ami ?

Tout fut arrêté pour que le mariage se conclût
le soir même ; Napoléon se nomma parrain ; aussi,

fit-il les choses comme il avait coutume de les faire, et Marie, à qui une dot magnifique avait été comptée, se montra à la chapelle, sous une parure ravissante de dentelles et de diamans. On se mit à table. Vers dix heures les convives se retiraient petit à petit ; Grégoire et sa femme avaient déjà embrassé Marie, toute désolée, mais bien disposée à dire le fatal secret à son mari, plus vain, plus impertinent que jamais, lorsqu'un officier se précipita dans la salle :

— Monsieur le baron de F...?

— C'est moi.

— De la part de l'Empereur.

Marie leva la tête. M. de F... prit le papier, lut et s'écria : Quel bonheur ! quel honneur, madame ! je reçois l'ordre de partir à l'instant même pour Brest, où je dois m'embarquer pour le cap de Bonne-Espérance, où je suis nommé consul ; l'Empereur ne me donne pas dix minutes, et il m'assure que si je m'acquitte avec zèle de la mission délicate dont je suis chargé, il m'enverra l'an prochain à Batavia, en qualité d'intendant de la colonie, et de là en Chine, où vous viendrez me rejoindre. Enfin donc il me connaît et m'apprécie.

— Quel noble cœur! dit Marie.

Et M. de F..., prenant cette exclamation pour un hommage rendu à son mérite, baisa coquettement le front de sa femme; ce fut la seule faveur qu'il obtint. Une chaise de poste attendait M. de F... dans la cour; il y monta tout joyeux, et madame de F... se retira dans l'appartement qu'on lui avait préparé au château.

La nuit se passa en prières, et l'on devine pour qui les vœux de la belle fiancée montèrent au ciel.

Madame la baronne de F... se montra à la cour; elle y déploya une grâce d'esprit, une délicatesse de manières qui lui méritèrent les hommages les plus empressés. L'amitié de l'Empereur lui valut une suite nombreuse; en récompense des services désintéressés de son mari, de riches donations lui furent faites, et plus d'un cœur battit à la cruelle espérance que le séjour de l'Inde serait fatal au baron.

Cependant Marie s'éloigna des Tuileries pendant quelque temps, et y reparut bientôt plus belle et plus brillante.

— Nous avons des nouvelles de M. F***, lui dit un soir Napoléon, nous sommes contents de son zèle, de son activité ; n'avez-vous, madame, aucune grâce à me demander pour lui ?

— Votre majesté est trop généreuse dans ses récompenses ; je m'en rapporte à vos bontés, sire.

— Eh bien ! je l'envoie à Kanton.

— Que de remercîmens !

— A peine ces mots furent-ils prononcés, que madame de F*** poussa un cri à demi étouffé, et tomba sur un fauteuil. On s'empressa, et l'empereur inquiet, jeta autour de lui un regard investigateur. Le colonel D... arrivait de l'armée du Nord, et apportait des dépêches aux Tuileries. Sous la prunelle foudroyante de Napoléon, le colonel s'arrêta tout tremblant; il avait reconnu madame de F***, et il attendait une parole du *maître*, comme un coupable attend une sentence de mort.

— C'est bien, monsieur, dit l'empereur d'une voix brève et très sévère, partez sur-le-champ pour l'armée; vous commanderez l'attaque du fort de... allez, et pas un mot; soyez à cheval dans dix minutes. Le colonel s'éloigna, car il savait que la foudre allait éclater. Madame de F*** avait reçu des secours efficaces. Napoléon se rapprocha d'elle.

— J'ai deviné, madame, ne craignez rien, vous ne le verrez plus, j'espère.

Huit jours après, les journaux annonçaient la mort du colonel D...., tué au siège de P...

A quelques mois de là, le ministre reçut aussi du secrétaire de la légation envoyée en Chine, une dépêche ainsi conçue :

« Monseigneur,

« J'ai la douleur d'apprendre à V. Exc. la mort
« de M. le baron de F***, qui a succombé à une at-
« taque de choléra. »

Madame de F*** prit le deuil : elle épousa un an
après, M. de L***; et comme elle n'avait point d'enfant, elle adopta un *jeune orphelin*, qui au fond de
la Touraine, la console aujourd'hui dans sa vieil-
lesse.

Jacques ARAGO.

LE 30 MARS 1814.

1

C'était le 30 mars 1814. Ce jour-là, à cinq heures du matin, beaucoup d'habitans de Paris étaient à leur fenêtre, à demi-vêtus et coiffés pour la plupart de pacifiques bonnets de coton. On eût été tenté de rire de quelques figures grotesques qui se faisaient remarquer au milieu des autres, si le grondement du canon, qui retentissait au loin dans la direction du canal de l'Ourcq, et la terreur répandue depuis la veille, dans l'intérieur de quelques familles, n'avaient fait songer au grand événement qui se préparait et qui allait infailliblement décider du sort de l'empire. Mais le bruit des tambours de la garde nationale, qui parcouraient la capitale en battant le rappel, mêlé à celui de la canonnade, qui devenait de plus en plus distinct, firent bientôt fermer toutes les fenêtres, d'autant plus que l'atmosphère était nébuleuse et très froide.

Pendant ce temps, des groupes nombreux allaient et venaient dans les rues, dont les boutiques étaient fermées. On eût dit que cette foule empressée n'éprouvait encore d'autre sentiment qu'une vague curiosité. Aucune crainte ne se faisait remarquer sur le visage des gens du peuple; les grisettes circulaient çà et là comme à leur ordinaire, parlant haut et souriant à ceux qui les agaçaient. De petits pelotons de milice citoyenne se rendaient avec précipitation aux lieux de leurs rassemblemens habituels. La plupart des gardes nationaux avaient des pains ou de grosses brioches fixés au bout de leurs baïonnettes, et affectaient, devant les grisettes surtout, d'imiter les manières de nos vieux soldats, aux brioches près.

Depuis huit jours la capitale était sans nouvelles officielles de Napoléon; on savait cependant qu'il était dans les environs de Saint-Dizier; mais son absence et l'éloignement de l'armée avaient fait perdre à beaucoup de Parisiens l'espérance d'être secourus à temps. Le départ de l'impératrice et du roi de Rome avait mis le comble au découragement; enfin la fuite des ministres et des principaux chefs du gouvernement avait causé partout le désaccord et la confusion. Aussitôt que les riches eurent la certitude que les alliés marchaient sur Paris, ils ne songèrent qu'à capituler; mais les pauvres voulaient combattre, car ils avaient à conserver une gloire acquise au prix du sang de leurs enfans, et les ouvriers des faubourgs avaient demandé des armes, qu'on s'était bien gardé de leur donner.

Pendant ce temps, Napoléon livrait encore un combat aux environs de Saint-Dizier. Ce dernier triomphe devait hâter sa chute. Croyant avoir suffisamment imposé aux coalisés pour les rendre immobiles pendant quelque temps, il forme le projet de laisser à ses lieutenans le soin de couvrir Paris, et d'aller lui-même manœuvrer sur les derrières de l'armée de Schwartzemberg. Une dépêche interceptée dévoile aux généraux ennemis cette tentative audacieuse, et ils se hâtent de marcher sur la capitale, où les appéllent les agens qu'ils y entretiennent. Déjà Napoléon n'est plus qu'à quelques marches, lorsqu'il apprend à Doulevant, le **29** mars, le danger dont Paris est menacé. Il ordonne aussitôt au général Dejean, son aide-de-camp, de partir à franc-étrier pour aller annoncer son arrivée à Joseph Bonaparte. Cet officier est en outre porteur d'une lettre pour le frère de l'empereur et du bulletin des derniers événemens. En donnant ses instructions, Napoléon ajoute :

— Et surtout recommandez bien à mon frère

qu'il fasse tout pour empêcher que ma femme et mon enfant soient pris par les Cosaques !

Puis il choisit parmi les chevaux de son écurie le meilleur coureur et se dirigea sur Troyes, où il arriva le 30, à cinq heures du matin, après avoir fait quinze lieues sans débrider. Ce jour-là, à la même heure, la bataille s'était engagée sous les murs de Paris.

Les jeunes soldats du duc de Trévise et du maréchal Marmont, avant d'abandonner la capitale aux étrangers, qui la cernaient déjà, avaient voulu tenter un dernier effort. Quelques milliers d'hommes formant le noyau des dépôts restés à Paris, les élèves de l'École polytechnique, formés en compagnies d'artillerie, le corps des sapeurs-pompiers, et cinq ou six mille braves Parisiens, fournis par la garde nationale, étaient sortis des barrières le matin avant le jour, pour prendre part au combat. Ils n'étaient pas en tout vingt mille, mais ils n'avaient pas désespéré de faire tête à l'ennemi. L'attaque avait

commencé sur le bois de Romainville, par l'avant-
garde du corps d'armée du prince Schwartzemberg.
Le village de Pantin, pris et repris plusieurs fois,
était resté au pouvoir des Français, et les alliés
avaient été forcés de faire avancer leurs réserves. La
résistance opiniâtre de nos troupes multipliait à
tel point les obstacles qu'il était douteux que les
ennemis pussent s'emparer dans cette journée des
hauteurs qui dominent Paris.

Dès lors tout devenait problématique, car l'approche de Napoléon et sa présence subite au milieu
de ses troupes, toutes faibles qu'elles étaient, pouvaient en un moment changer la face des affaires;
mais à midi le plan d'attaque des coalisés se déve-
loppa entièrement. Blücher, arrivé sur la droite,
s'avança avec ses Prussiens à travers la plaine Saint-
Denis et marcha sur Montmartre; à gauche les
colonnes du prince de Wurtemberg se portèrent
sur Charonne et Vincennes. Dès ce moment nos
braves, enveloppés de toutes parts et resserrés da-

vantage d'heure en heure, perdirent tout espoir et ne combattirent plus que pour mourir. Ce fut alors que le seul bataillon de la vieille garde qui défendait Pantin fut forcé, après d'incroyables prodiges de valeur, d'abandonner cette position aux Russes, qui s'y établirent solidement une dernière fois. Cette poignée d'hommes battait en retraite, lorsqu'un de ces soldats, déjà atteint de deux mortelles blessures, tomba sur la chaussée et répondit à son capitaine, qui essayait de relever son courage, ces paroles sublimes :

— Ah! cette fois, ils sont trop!

Alors le duc de Raguse fit connaître sa situation à Joseph, auquel l'empereur avait confié le commandement en chef de l'armée parisienne. Celui-ci expédia sur-le-champ le billet suivant :

« Si M. le maréchal duc de Raguse et M. le ma- « réchal duc de Trévise ne peuvent plus tenir, ils » sont autorisés à entrer en pourparlers avec le

« prince de Schwartzemberg et l'empereur de Rus-
« sie, qui sont devant eux.

« JOSEPH BONAPARTE.

« Montmartre, le 50 mars 1814, à midi et demi.

« Ils se retireront sur la Loire avec leurs troupes. »

Le frère de l'empereur ayant vu les flots de l'ennemi s'avancer jusqu'au pied de Montmartre, avait
reconnu qu'on ne pouvait différer davantage de
capituler. A midi et demi donc, c'est-à-dire immédiatement après avoir adressé à Marmont cette autorisation, il s'était dirigé sur le bois de Boulogne,
en suivant l'avenue appelée *Chemin de la Révolte*,
pour gagner la route de Versailles et rejoindre l'impératrice à Rambouillet. A peine ce prince était-il
parvenu à l'extrémité du bois de Boulogne que le
général Dejean arrivait à Paris. Il se dirige sur
Montmartre, que Joseph vient d'abandonner, court
sur ses traces, le rejoint bientôt et lui remet la lettre
de l'empereur en même temps qu'il lui rend compte
de sa mission. La lettre était ainsi conçue :

« Au roi Joseph.

« Conformément aux instructions verbales que je
« vous ai données avant mon départ, et à l'esprit de
« toutes mes lettres, dans lesquelles je vous ai dit
« que, quoi qu'il arrive, vous ne deviez pas permet-
« tre que l'impératrice et le roi de Rome tombassent
« entre les mains des coalisés, je vous préviens que
« j'ai manœuvré de façon à ce que demain je sois à
« Paris avec ma garde. D'ici là, *tenez ferme*. Mettez
« à l'abri le trésor et les munitions. *Ne quittez pas*
« *mon fils*. Rappelez-vous que *je préférerais le sa-*
« *voir dans la Seine*, plutôt qu'au pouvoir des en-
« nemis de la France : le sort d'Astyanax, prison-
« nier des Grecs, m'a toujours paru le sort le plus
« malheureux de l'histoire.

« Votre affectionné frère,

NAPOLÉON. »

Joseph lut cette lettre sans que son visage trahît
la moindre émotion. Puis il dit froidement au général Dejean en continuant sa marche :

— Il est trop tard ! J'ai donné des ordres à Marmont pour traiter avec l'ennemi...

— Cependant, sire..., essaya d'objecter le général.

— Il pourrait me vouloir en ôtage, se hâta d'ajouter Joseph en pressant le pas de son cheval. Je ne veux pas m'exposer à cela.

L'aide-de-camp de l'empereur engage l'ex-roi d'Espagne, à retourner sur ses pas, il le presse, le supplie...; le frère de Napoléon n'y veut pas consentir :

— Général, lui dit-il après l'avoir laissé parler, vous avez accompli votre mission auprès de moi, allez au-devant de l'empereur, et rapportez-lui ce que j'ai dit et ce que vous avez vu.

Mais le général Dejean est un de ces militaires pour qui l'honneur est plus que la vie. Il ne peut comprendre la fuite de Joseph ; son âme généreuse s'indigne de tant de faiblesse.

— Oui, sire, répond-il avec une respectueuse dignité, je rapporterai fidèlement à l'empereur les paroles de Votre Majesté ; mais il ne voudra pas ajouter foi à ce que j'ai vu.

Et saluant le prince, il pique des deux, traverse Paris, arrive au camp du duc de Trévise vers les trois heures et demie, et raconte au maréchal ce qui se passe.

Celui-ci écrit aussitôt à M. de Schwartzemberg :

« Prince, des négociations viennent d'être en-« tamées. Épargnons l'effusion du sang. Je me crois « suffisamment autorisé à vous proposer une sus-« pension d'armes de vingt-quatre heures, pendant « laquelle nous pourrons traiter, afin d'épargner à « la ville de Paris, *où nous sommes résolus de nous* « *défendre jusqu'à la dernière extrémité,* les hor-« reurs d'un siège. »

Le capitaine Lacourt, aide-de-camp du maré-

chal, est chargé de porter sur-le-champ cette dépêche au quartier-général autrichien.

Sur ces entrefaites, Marmont s'était mis en com-
munication avec l'ennemi. Ses parlementaires, d'a-
bord accueillis à coups de fusils sur la route de
Belleville, avaient été mieux reçus du côté de la Villette. Admis enfin en présence des chefs de l'armée
coalisée, ils avaient annoncé que les deux maréchaux
commandant les forces françaises étaient autorisés
à traiter; ils avaient demandé une suspension d'armes, et elle leur avait été accordée. Mais aussi,
pendant le temps qui s'était écoulé en pourparlers, l'ennemi s'était emparé des hauteurs du Père-
Lachaise; au centre, il avait pénétré dans Belleville et Ménilmontant. Il s'était établi ensuite sur la
butte Saint-Chaumont qui domine tout Paris; Blücher était maître de la barrière Saint-Denis; enfin,
Montmartre venait d'être occupé. Toutefois, le maréchal Moncey essayait encore d'arrêter l'ennemi
aux Batignolles. Il voulait que les gardes nationaux

se jetassent dans les maisons et fissent feu par les fenêtres. Quelques-uns d'eux, vieux soldats de la république, s'étaient opposés à cette mesure et voulaient rester en plaine :

— Pourquoi nous cacher ? dirent-ils, ces voleurs de Cosaques croiraient que nous avons peur.

Et ils avaient continué de se battre à découvert. Le vieux maréchal souriait à leur imprudence et les laissait faire.

On se retire sur la barrière Clichy; bientôt des détachemens isolés sont refoulés de ce côté dans le plus grand désordre. L'encombrement sur ce point commence à donner de l'inquiétude, et une grande agitation se fait remarquer dans la foule. Mais le vieux maréchal multiplie les moyens de résistance ; jeune d'esprit et de courage, il adresse ces paroles aux gardes nationaux qui l'entourent et le pressent:

— Puisque nous avons si bien commencé, pourquoi ne finirions-nous pas de même ? C'est ici notre dernier retranchement. Faisons encore un effort, l'honneur et la patrie nous le commandent.

Le maréchal savait bien que de telles paroles iraient droit au cœur des braves citoyens auxquels il s'adressait. Mais les coalisés avaient amené de l'artillerie, et les barricades de la barrière furent emportées par les boulets. Déjà les obus roulaient dans la rue de Clichy, lorsqu'un parlementaire arriva annoncer l'armistice. Il était cinq heures du soir; le feu avait cessé partout.

Tandis que le sang coulait sous les murs de Paris, et principalement à la barrière de Clichy, le boulevard des Italiens n'avait pas cessé d'être couvert d'une foule de promeneurs qui paraissaient ignorer ce qui se passait si près d'eux, lorsque tout-à-coup, sur les quatre heures, un cri général de *sauve qui peut !* se fait entendre depuis la porte Saint-Martin jusqu'à la rue de la Paix. On s'enfuit, on se jette les uns sur les autres, comme au temps plus récent de nos émeutes populaires : les flots des fuyards épouvantés s'étendent jusque par-delà le Palais-Royal.

On a cherché long-temps la cause de cette panique, sans qu'on ait jamais pu la découvrir. Suivant les uns, deux cosaques, qui s'étaient précipités dans Paris par la barrière Saint-Martin, et qui avaient galoppé jusqu'au boulevard, où ils avaient été tués, avaient occasionné ce désordre. Suivant les autres, il était dû à un lancier polonais, qui ayant bu de façon à justifier complètement le proverbe, avait descendu le faubourg Montmartre à triple galop en criant à tue-tête :

— Vive l'empereur! voici les cosaques!

Le soir, les ducs de Trévise et de Raguse se réunirent à la barrière de la Villette. Ils entrèrent dans un mauvais cabaret tenu par un nommé Touron, où ils avaient été devancés par MM. de Nesselrode et le comte Orloff. Là, furent rédigés les principaux articles de la capitulation de Paris, qui fut signée par ces deux représentans des empereurs d'Autriche et de Russie, et par les colonels Fabvier et Saint-Denys, le premier appartenant au corps de l'état-major général; le second, premier aide-de-camp de Marmont; et, quelques jours après, tout le monde put voir sur la devanture du cabaret où le sort de la France avait été décidé, cette inscription écrite en grosses lettres blanches sur un fond rouge:

AU BOEUF A LA MODE.

Ici le 30 mars 1814, d'auguste mémoire,

Par le secours de nos amis les alliés,

La divine Providence rendit à la France un père

TOURON, MARCHAND DE VINS TRAITEUR.

Elle ne fut effacée qu'un an après, lors du retour de Napoléon au 20 mars 1815; mais la maison existe encore, seulement elle a changé de maître et de destination : c'est aujourd'hui un hôpital pour les animaux malades.

II

Napoléon arrivé à Troyes, ne prit que deux heures de repos et se mit en route aussitôt. Selon son habitude, il n'avait mis aucun de ceux qui voyageaient si rapidement dans la confidence du lieu sur lequel il se dirigeait. A Sens, il ne s'arrêta que le temps nécessaire pour avaler un bouillon. A chaque relai, il demandait avec empressement des nouvelles de l'impératrice et du roi de Rome, et apprenait successivement en changeant de chevaux, que sa femme et son fils avaient quitté Paris, que l'ennemi était aux portes de la capitale et qu'on se battait. Alors il pressait lui-même les postillons, leur distribuait de l'or; les roues brûlaient le pavé. Jamais Napoléon n'avait calculé plus impatiemment les distances. Enfin, vers minuit, il n'est plus qu'à quelques lieues de Paris. En relayant à Fromenteau, non loin des fontaines de Juvisy, l'anxiété qu'il éprouve est arrivée au dernier degré.

— Avant une heure, dit-il en frappant sur le genou de Berthier, qui n'a cessé de ronger ses ongles pendant la route, nous serons à la tête des défenseurs de la capitale.

Au même instant arrive une estafette, qui demande à grands cris si on sait où est l'empereur? Sur un signe, cet homme s'approche de sa voiture.

— Qui êtes-vous, et qui vous envoie vers moi? lui demande Napoléon avec vivacité.

— Sire, je suis un des courriers particuliers de
M. le comte de Lavalette, qui m'a chargé de remettre cette lettre à votre majesté, n'importe le lieu
et l'heure où je la rencontrerais.

— Donnez-donc?

Le courrier cherche dans ses poches et ne retrouve pas sa lettre; il se tâte, se trouble, balbutie
quelques mots. Cependant l'empereur tient toujours le bras tendu vers lui. Ne pouvant maîtriser
un mouvement de colère et d'impatience, il laisse
échapper ces mots :

— Le misérable l'a perdue !

Et ses lèvres crispées devinrent blanches.

Enfin, le pauvre courrier retrouve sa missive
dans l'une de ses bottes; elle avait glissé de sa
ceinture où il l'avait placée en partant. Napoléon la
lui arrache des mains, l'ouvre avec précipitation...
M. de la Vallette lui annonce que la capitulation
de Paris a été signée ce même jour à onze heures du

soir, que les alliés doivent faire leur entrée dans la capitale le lendemain à midi, et termine en disant que *tout était consommé*.

« Faute d'une heure ! s'écrie l'empereur avec un accent indéfinissable. Allons, messieurs, il nous faut mettre pied à terre ici. Oh! oh! tout n'est pas encore consommé, comme on veut bien le dire! répète-t-il en descendant de voiture. »

Il entre, suivi de ses officiers, dans la maison de poste, se fait apporter la carte sur laquelle il a coutume de marquer les différentes positions de ses troupes et celles occupées par les ennemis, au moyen de petites épingles dont les têtes sont enduites de cire de diverses couleurs; mais bientôt il est forcé de renoncer à cettre froide occupation de stratégie, dévoré qu'il est par l'inquiétude et l'impatience de savoir ce qui se passe en ce moment à Paris. Il sort de la maison de poste pour prendre l'air, car il répète à chaque instant que *sa tête est brûlante*, et il se promène à pas lents sur le bas-côté de la grande route qui mène à Paris ; les bras croisés sur sa poitrine et la tête baissée, il semble se livrer aux plus sombres réflexions. Ses officiers le suivent silencieusement. A peine y a-t-il dix minutes qu'il marche ainsi, que le général Belliard paraît à la tête d'une des colonnes d'artillerie qui viennent de quitter la capitale. Napoléon le reconnaît et l'appelle par son nom. A sa vue, le général saute à bas de son cheval, et bientôt la conversation la plus animée s'engage entre eux. Belliard raconte à l'empereur les détails de la bataille. Dès que Bertrand, Caulincourt et Berthier avaient vu Napoléon s'entretenir avec le général, ils s'étaient tenus à l'écart ; l'empereur les rappelle bientôt.

— Eh bien ! messieurs, leur dit-il, d'après ce que j'apprends, il nous faut aller à Paris tout de suite : partons.

Et prenant le bras de Belliard, il hâte le pas pour rejoindre les voitures qui sont restées attelées devant la maison de poste.

— Sire, lui disait ce général chemin faisant, je puis certifier à votre majesté qu'à l'heure qu'il est, il ne doit plus y avoir de troupes dans la capitale.

— N'importe ! j'y trouverai la garde nationale ; ma garde m'y rejoindra demain, et avec elle j'aurai bientôt rétabli les affaires ; vous allez me suivre avec votre artillerie.

— Mais, sire, il y a autour de Paris plus de cent trente mille hommes.

— Monsieur le général, reprit Napoléon avec un geste sublime et un regard superbe, ma garde saura bien se faire jour à travers ces gens-là. Ne la connaissez-vous pas comme moi ?

— Sire, votre majesté s'expose à se faire prendre....

A ces mots l'empereur s'arrête, et saisissant le bras de Belliard qu'il presse avec énergie :

— Moi?... prisonnier d'un Russe ou d'un Prussien ? Moi ! s'écria-t-il d'un ton de dédain, jamais !

entendez-vous, Belliard! Puis il ajouta avec douceur : Vous ne songez pas à ce que vous dites. Je
sais le moyen d'échapper à une telle infamie,
croyez-le bien... Vous allez venir avec moi, n'est-ce
pas ?

—Sire, je ne le puis; je suis sorti de Paris avec mes
troupes; il y a une convention signée; je n'y puis
rentrer, ni moi ni mes troupes.

Après de nouvelles instances de Napoléon pour
marcher en avant et de nouvelles représentations de
Belliard, auquel s'étaient joints Berthier et Caulaincourt pour le dissuader de son projet, l'empereur
dit d'un ton de résolution et de mépris tout à la
fois :

—Allons, je vois bien que tout le monde a perdu
la tête. Joseph est..... un *imbécille* et Clarck un
traître; car je commence à croire ce que me disait
Savary l'année dernière, à pareille époque, en me
parlant de M. le ministre de la guerre.

En ce moment l'avant-garde de la colonne d'infanterie du maréchal Mortier parut sur la route ; Napoléon demanda impérieusement au duc de Vicence de faire avancer sa voiture, et il continua de marcher la tête appuyée dans ses deux mains, en laissant échapper de temps en temps quelques exclamations sur ce qu'il appelait la bêtise de son frère et la trahison de son ministre de la guerre. Le prince de Neufchâtel voyant que l'empereur ne prenait aucun parti et que le temps s'écoulait, car le jour commençait à poindre, le pressa d'envoyer à Paris M. de Caulaincourt pour traiter avec les coalisés.

— Sire, lui dit-il, rien n'est désespéré. Il n'y a encore de signé qu'une convention ; M. le duc de Vicence...

Ici le major-général fut interrompu par le duc de Vicence lui-même, qui se hâta de s'adresser à l'empereur en lui disant :

— Sire, je pense que l'envoi de M. le prince de

Neufchâtel serait préférable ; lié comme il l'est avec M. de Schwartzemberg, il sera plus à même de servir votre majesté auprès des souverains alliés, et imposera plus que moi aux habitans de la capitale, qui savent la haute position qu'il occupe auprès de votre auguste personne.

Napoléon resta quelque temps sans répondre : puis enfin, paraissant faire un effort sur lui-même, il dit à M. de Caulaincourt :

« Monsieur le duc, Berthier a raison. Partez à l'instant, et voyez l'empereur Alexandre ; peut-être m'est-il encore possible d'intervenir. Je vous donne carte blanche. Allez, Caulaincourt, et songez cette fois que l'honneur et la dignité de la France sont entre vos mains. »

Napoléon remonta dans sa voiture, et tous ceux qui l'avaient rejoint prirent la route de Fontainebleau. A six heures du matin, il entrait dans la cour du Cheval-Blanc. Il ne voulut pas qu'on lui ouvrit les grands appartemens du château, et campa plutôt qu'il ne logea dans un petit appartement qu'il affectionnait particulièrement ; c'est celui qui est situé au premier étage et qui longe la galerie, dite de François Ier, le même où la reine Christine de Suède avait fait assassiner Monaldeschi. Il traversa cette galerie à pas précipités en disant à la cantonnade d'un ton de brusquerie qu'on n'avait jamais remarqué en lui :

« Je n'ai besoin de personne. Qu'on me laisse.

Comme l'huissier qui l'avait précédé éprouvait quelques difficultés à ouvrir la porte du cabinet :

« Dépêchez-vous donc, monsieur, dit-il encore avec un geste d'humeur et en frappant du pied.

Puis, appuyant ses deux poings fermés sur son front, il ajouta plus bas et d'une voix concentrée :

« Après tant de sang répandu, après tant de

grandes actions, tant de triomphes, de travaux et de persévérance, voilà donc où viennent aboutir les choses humaines! »

LE RETOUR.

Deux jours seulement avant son départ de Paris,
pour le quartier-général impérial de l'armée (en
juin 1815), un officier supérieur de la vieille-
garde *, ami d'enfance d'un de mes oncles, lui re-

* Cet officier est celui dont il a été question dans la déclaration du 15 mars, au prince d'Essling, alors gourvernenr de
la 8ᵉ division militaire, par M. P*** débarqué de l'Ile d'Elbe
avec Napoléon, et arrêté à Toulon par ordre du Préfet du Var.

mit la relation d'un voyage qu'il avait fait, quelques mois auparavant, à l'île d'Elbe, en lui disant :

— Je vous confie mon histoire et celle du 20 mars. L'empereur lors de son rétablissement sur le trône, n'ayant pas parlé de moi, j'ai dû me taire ; mais je suis aussi jaloux que lui de vivre dans la postérité. Je veux qu'elle connaisse la part que j'ai prise au retour de Napoléon en France. J'ai le pressentiment que je serai tué dans cette campagne. Gardez donc cet écrit, et promettez moi de le publier un jour.

Mon oncle le promit à son ami. Le pressentiment dont il lui avait fait part se réalisa : il fut tué à Waterloo. Mais l'empereur ne l'avait pas oublié, car au retour des désastres du mont Saint-Jean, il demanda à mon oncle s'il savait ce qu'était devenu M. P***.

— Sire, il a été tué sur le fameux plateau défendu par la garde de votre majesté, lui répondit-il.

— Il est bien heureux !.. fit Napoléon ; puis il ajouta : Vous a-t-il dit qu'il est venu à l'île d'Elbe ?

— Oui, sire : il m'a même remis il y a quelques jours, la relation de son voyage et des entretiens qu'il a eu, m'a-t-il dit, avec Votre Majesté.

— Il faudra me donner cette relation, je l'emporterai : elle me servira pour mes Mémoires que je veux écrire un jour.

— Sire, je ne l'ai plus.

— Qu'en avez-vous donc fait? Il faut la ravoir à quelque prix que ce soit et me l'apporter demain.

— Je l'ai déposé dans les mains d'un ami qui n'est pas à Paris en ce moment.

— Ainsi cette relation va courir le monde ?

— Non, sire ; elle est renfermée sous enveloppe,

dans une boîte dont j'ai la clé ; mais je ne puis la remettre à Votre Majesté, avant son départ : elle pourra, dans tous les cas, en avoir connaissance ; car je me propose, suivant les volontés de mon malheureux ami, de la faire imprimer, à moins que Votre Majesté ne me le défende.

— Non, je vous le permets ; seulement il faut en retrancher ce qui pourrait compromettre ceux qui m'ont montré de l'attachement. Si P*** a rapporté fidèlement tout ce qui s'est passé, les Français verront que je me suis sacrifié pour eux, et que ce n'est pas l'amour du trône qui m'a ramené en France, mais le désir de rendre à un grand peuple les biens les plus chers : son indépendance et sa gloire. Il faudra prendre garde qu'on ne vous *vole* votre manuscrit, *ils* le falsifieraient : faites-le passer en Angleterre à *** Il le fera imprimer : Il m'est dévoué, il pourra vous être utile. Je vous donnerai un mot d'écrit pour lui, entendez-vous ?

— Oui, sire.

— Mais faites tous vos efforts pour retirer ce manuscrit avant mon départ. Je vois bien que vous y tenez ; je vous le laisserai : je veux seulement le parcourir.

En effet, mon oncle le retira, le donna à l'Empereur, qui le lui rendit après l'avoir lu , en lui disant :

— P*** a dit la vérité et rien que la vérité. Conservez scrupuleusement ce manuscrit pour la postérité ; au moins cette fois l'histoire saura à quoi s'en tenir.

Mon oncle ne publia jamais cette relation. J'ignore pour quel motif , car je lui ai souvent entendu répéter que c'était son intention. Je l'ai retrouvée dans la multitude de paperasses qu'il a laissées après sa mort : Je remplis aujourd'hui ses intentions. Toutefois, je me suis permis de faire subir à cette relation quelques suppressions, et à enlever quelques phrases injurieuses aux Bourbons, parce que je me suis fait cette loi de ne jamais dire de mal de personne, et de ne pas accabler, par d'inutiles récriminations, une famille qui a payé assez cher son imprévoyance et son entêtement.

En apprenant qu'on avait mis en question sa translation à Sainte-Hélène, (disait M. P*** dans sa relation) et que des vainqueurs d'un jour, envers lesquels il s'était montré si généreux après tant de batailles décisives, avaient peut-être résolu déjà de l'ensevelir vivant dans les mers des tropiques, Napoléon hésita d'autant moins à prévenir le coup qui le menaçait, que les journaux et toutes les nouvelles venues de France lui révélaient un grand mécontentement national. Mais tandis que tout présageait un prochain bouleversement que faisoit Napoléon à l'île d'Elbe?

Privé de toute ambition, il semblait préférer à sa grandeur passée une vie modeste et paisible ; aux nobles agitations de la guerre, un doux repos ; aux méditations de son génie, un désœuvrement agréable. L'étude de la botanique, le soin de sa maison, les plantations qu'il avait faites, celles qu'il projetait encore, occupaient plus particulièrement ses loisirs. On a prétendu, mais à tort, qu'il conservait son goût pour les exercices militaires. Pendant son séjour à Porto-Ferrajo, il ne passa pas une seule revue : il paraissait n'avoir plus d'attraits pour les armes.

Pendant les premiers temps de sa retraite, Napoléon n'éprouvait qu'un besoin vague de régner. Affligé des maux de la France, qu'il aimait passion-

nément, fatigué des vicissitudes de la fortune, dé-
goûté des hommes, il appréhendait, en cherchant à
ressaisir le sceptre, de précipiter la France et lui-
même dans de nouvelles chances, dans de nouveaux
malheurs; et, sans abandonner le projet de remon-
ter sur le trône un jour, il laissa à l'avenir le soin
de fixer ses irrésolutions.

Il fut bientôt tiré de cet état d'indifférence et
d'hésitation par la tournure que prirent en France
les affaires publiques. La substitution de la cocarde
blanche, portée dans les cours et dans les camps
étrangers par l'émigration, à la glorieuse cocarde
tricolore, illustrée par tant de victoires; les impru-
dens encouragemens donnés par le gouvernement
royal aux prétentions des émigrés et des prêtres;
tout révélait à son œil d'aigle la faiblesse du pouvoir
nouveau. Il n'y avait pas un seul personnage attaché
au service des alliés et au service de ses ennemis dont
il ne connut parfaitement le fort et le faible. Il savait
le degré d'influence que chacun d'eux était suscepti-

ble d'acquérir et d'exercer, et il calculait d'avance les erreurs dans lesquelles ils entraîneraient nécessairement la restauration.

Les journaux français et étrangers, les écrits périodiques redevinrent l'objet de ses lectures assidues; il les étudiait, les commentait, et les pénétrait avec sagacité.

Il accueillait les étrangers de distinction avec grâce et bonté. Il s'entretenait familièrement avec eux de la situation politique de l'Europe et de la France; il les faisait causer adroitement sur les points qu'il voulait approfondir, et tirait presque toujours de leur conversation d'utiles éclaircissemens.

C'était par ces simples moyens que Napoléon savait ce qui se passait sur le continent. Il avait trop l'habitude des crises politiques pour ne pas prévoir que la force des choses lui ouvrirait les portes de la France, et il était trop habile pour vouloir entretenir avec ses partisans des correspondances qui auraient pu révéler ses vœux secrets, et fournir à ses ennemis l'occasion d'attenter à sa liberté.

Ce fut sur ces entrefaites que le colonel P*** résolut de se rendre à l'île d'Elbe. Au moment de partir, il fut arrêté par cette réflexion : « L'empereur, se dit-il, abandonné par ceux qu'il avait comblés de bienfaits, ne croira pas à l'attachement que je lui ai gardé ; peut-être même me suspectera-t-il d'avoir été envoyé près de lui par ses ennemis, pour épier ses paroles et ses actions. Que faire ? » Il avait conservé des relations avec trois personnes investies autrefois de la confiance de l'empereur ; leur conduite depuis la restauration avait été franche et loyale : fidèles à Napoléon par sentiment, dévouées à sa cause par principes et par patriotisme, elles n'avaient dissimulé ni leur fidélité ni leur dévoûment, et étaient restées inaccessibles aux tentatives faites pour les attirer dans le parti contraire. Il pensa que ces personnes, en le recommandant à l'empereur, pourraient le préserver de ses soup çons : il leur confia donc sans détour ses desseins et ses inquiétudes.

La première et la seconde lui témoignèrent le plus vif intérêt, et le chargèrent d'exprimer à l'empereur leur douleur de l'avoir perdu, leur espérance de le revoir; mais l'une et l'autre craignirent de se compromettre en lui écrivant, et il les quitta sans en avoir rien obtenu.

Il se présenta chez la troisième, le duc de Bassano, et lui exposa ses projets, ses appréhensions.

« Vos craintes, lui dit le duc, sont fondées. Ma recommandation vous serait sans doute fort utile, mais je ne pourrais vous la donner sans danger, non pas pour moi, mes sentimens sont connus, mais pour l'empereur lui-même. Si l'on vous enlevait ma lettre on pourrait la remettre à un espion. »

Cette raison parut décisive au colonel P***.

— Il me vient une inspiration, lui dit-il : il a

existé, entre l'empereur et vous, des relations si multipliées que vous devez avoir conservé le souvenir de quelques circonstances, de quelques épanchemens qui, rappelés par moi à Sa Majesté, pourraient lui prouver que j'ai votre confiance, et que je suis digne de la sienne.

— Votre idée est bonne… Mais, non, ajouta le duc, je ne saurais vous donner que des détails insignifians, et alors l'empereur ne s'en ressouviendrait plus, ou vous révéler des choses importantes, et mon devoir s'y oppose… Je réfléchirai, revenez demain matin.

Le colonel fut exact.

— J'ai scruté ma mémoire, lui dit le duc de Bassano en l'abordant, et cette note que je vous confie, vous permettra d'aborder sûrement l'empereur. Je n'avais considéré votre voyage à l'île d'Elbe que sous les rapports qui vous concernent : mais il est d'une importance bien plus grande que vous ne le

pensez, et que je ne l'avais pensé moi-même. Napoléon ne peut être indifférent aux événemens
actuels. S'il vous interrogeait, que lui répondriez-
vous? Vous devez sentir combien il serait dangereux de lui donner, sur notre situation, des rensei-
gnemens erronés.

— Quoique militaire, je ne suis pas totalement
étranger à la politique. J'ai souvent réfléchi sur la
position dans laquelle se trouve la France, et je
crois la connaître assez pour être en état de satisfaire
la curiosité de Sa Majesté.

— Je n'en doute pas; mais, voyons, qu'en pensez-vous?

Le colonel lui fit une analyse raisonnée des fautes
de la restauration et de leurs conséquences... Leur
conversation s'échauffa graduellement, et, quand
après avoir examiné le présent, ils portèrent leur
attention sur l'avenir, leurs pensées prirent tout-à-
coup un essor si rapide, elles les transportèrent si

loin de leur premier but, qu'ils en furent comme ef-
frayés, et restèrent plongés, l'un et l'autre, pendant
quelques momens dans une sorte de stupéfac-
tion.

— Allons, dit le duc, en rompant le premier le
silence, vous êtes en état de répondre à toutes les
questions de l'empereur. Adieu.

Et ils s'embrassèrent à plusieurs reprises avant de
se séparer.

A peine le colonel P*** eut-il quitté le duc, que
tout ce qui s'était passé se reproduisit à sa mémoire. Il mesura, dans toute son étendue, l'espèce
de mission qu'il était appelé à remplir, et ne put se
défendre d'une émotion mêlée de surprise et d'ef-
froi. Tant que son intention n'avait été, en se rendant à l'île d'Elbe, que d'offrir ses services à l'empereur, il lui avait semblé que son voyage était une
chose toute naturelle, et il aurait volontiers déclaré
au gouvernement qu'il allait rejoindre son ancien

bienfaiteur; mais, depuis que le motif de ce voyage s'était agrandi, depuis qu'il pouvait avoir, suivant l'expression du duc de Bassano, d'immenses résultats, il lui semblait que le gouvernement devait avoir les yeux sur lui, qu'il devait faire épier ses pas, et chercher à pénétrer ses desseins et jusqu'à ses moindres pensées. Il parut défiant et inquiet, la note du duc lui devint pressante, il l'apprit par cœur, puis il la brûla. Au lieu de demander son passe-port directement pour Gênes ou Livourne, comme il en avait eu l'intention, il le demanda pour Milan. Il connaissait dans cette ville un officier-général, et il songea qu'il pourrait déclarer à la police, si elle venait à le questionner, qu'il allait à Milan réclamer de cet officier, son ami, le remboursement de sommes qu'il lui avait prêtées jadis.

Ce plan ainsi arrêté, il se rendit à la Préfecture de Police, mais en franchissant le seuil de la porte, il se sentit tout à coup saisi d'un tel battement de

cœur, qu'il pût à peine trouver la force de se
tenir. Si dans ce moment une voix lui eut crié :
Malheureux ! où voulez-vous aller ? Il serait tombé
interdit et aurait tout confessé. Ce trouble n'était
cependant pas l'effet d'une lâche terreur : ce n'était
chez lui que l'impression qu'éprouve l'homme de
bien, lorsque pour la première fois il commet une
action qu'il ne peut avouer. Quelques minutes suffi-
rent pour le rendre à lui-même. On lui fit subir un
assez long interrogatoire. Ses réponses furent claires
et positives; son air d'assurance prévint toute
espèce de soupçon, du moins il le crut. Cependant
il eut le soin, à tout hasard, d'examiner s'il était
suivi, et deux jours durant il s'aperçut à son grand
étonnement qu'on observait ses pas. Il feignit de
l'ignorer, et pour mieux tromper l'espion, il le conduisit aux Messageries Royales, retint et paya sa
place pour Lyon; mais dans la nuit, il fit prendre
des chevaux de poste sous un nom supposé et partit
en toute hâte. En peu de jours il était arrivé à Milan, non sans avoir couru vingt fois, dans ce voyage,

les risques d'être saisi et livré à la police autrichienne ; mais le ciel qui sans doute veillait sur lui,
favorisa son entreprise, car après des périls sans
nombre, il parvint à toucher l'île d'Elbe : alors il
fut sauvé ; il put voir l'empereur, lui parler et accom
plir sa mission. Peu de jours après son arrivée, il
était attaché à la personne de Napoléon, et fesait
partie de sa maison.

Porto-Ferrajo....... 1815.

* L'empereur a fatigué la fortune, et les prodiges de la dernière campagne n'ont pu le sauver : la trahison a marchandé avec les alliés le salaire de la

* En arrivant à l'Ile d'Elbe, M. P*** commença de transcrire un journal dans lequel il consignait en quelque sorte, jour par jour, tout ce que Napoléon faisait de remarquable. J'ignore la raison qui le lui fit interrompre, puis cesser tout à coup ; il ne l'explique pas dans sa relation. Quoi qu'il en soit, j'ai cru devoir donner ce fragment, parce qu'il peint l'homme tout entier et qu'il donne une idée exacte de la manière dont Napoléon passait son temps à l'Ile d'Elbe.

capitale et de la France ; et les femmes parisiennes,
moins heureuses que celles de Lacédémone, ont vu
la fumée des camps ennemis.

L'histoire flétrira le nom des traîtres et des par-
jures : elle racontera comment le premier trône du
monde est tombé pièce à pièce ; ce récit sera digne
d'elle. En ce moment les passions sont encore trop
violentes, trop de cadavres de mes compagnons
d'armes restent encore sur la terre, sans qu'on ait eu
le temps de les ensevelir, pour que j'entreprenne une
semblable tâche ; et d'ailleurs, pendant que j'écri-
rais, les évènemens marcheraient, j'aime mieux les
attendre.

Ces tablettes où j'inscrirai les épisodes les plus
remarquables de mes journées, ne seront peut-être
jamais publiées ; je les destine à ma famille et à mes
amis. Puisque j'ai le bonheur d'approcher Napoléon exilé, je veux livrer au papier quelques actes
et quelques conversations de mon empereur. Qui
sait ? peut-être mon journal ne sera-t-il point perdu.

Je laisse là cette digression pour revenir au sort de l'île étroite que les puissances ont assignée à Napoléon pour empire; je n'ose dire pour prison.

Dès l'arrivée de Napoléon à l'Ile d'Elbe, au mois de mai dernier, on a eu connaissance d'une frégate anglaise portant pavillon blanc carré au grand mât. La frégate mit bientôt un canot à la mer, et débarqua vers les cinq heures du soir, les généraux Bertrand et Drouot, et tous les commissaires des puissances alliées : ces messieurs, porteurs d'ordres du gouvernement pour la remise de l'île à l'empereur, se rendirent directement chez le commandant supérieur du fort l'Étoile, où fut dressé sur-le-champ le procès verbal de cession de l'île. Quelques officiers allèrent ensuite à bord de la frégate avec plusieurs notables de la ville. Le pavillon blanc flottait encore sur toute la côte. Ce ne fut que le lendemain au soir, avant le débarquement de Napoléon, que le nouveau drapeau fut arboré, et salué par 21 coups de canon de tous les bâtimens en rade.

En arrivant, l'empereur voulut coucher à bord
où quelques personnes, indiquées de la veille, s'é-
taient rendues pour le saluer. Le lendemain matin
il mit pied à terre et alla visiter de suite la
campagne de M. Pellegrosenno, riche propriétaire
de l'île. Il appela un grand paysan comme pour
l'interroger. Celui-ci se hâta de venir, et jetant
son mauvais bonnet au vent, il se mit à crier à tue-
tête : *Viva il re d'Inghilterra, e sempre il re
d'Inghilterra.* Au grand élan qu'avait pris l'énergu-
mène, qui croyait être en présence de deux Anglais,
il crierait encore si on ne l'avait pas contenu.

Pendant cette promenade, Napoléon a paru fort
tranquille, s'occupant de tout avec soin, question-
nant sans cesse, et voulant tout connaître à fond.
De retour à bord, il a déjeûné du meilleur appétit.
Pendant ce repas, il s'est tourné vers le général
Vincent, commandant le génie, et a engagé avec
lui une conversation sur l'expédition de Saint-Do-
mingue.

— J'ai à vous rendre une justice éclatante, lui a-t-il dit à propos de cette triste guerre; vous m'aviez dans le temps donné d'excellens conseils et fait connaître d'utiles vérités; je n'y ai pas pris garde, circonvenu que j'étais par certaines gens qui m'ont fait commettre à cette occasion de bien grosses *bêtises*.

Alors le grand-maréchal qui était présent s'est écrié, et a prétendu que l'expression était mal choisie pour qualifier quelques erreurs politiques.

— Je vous répète qu'on m'a fait commettre des *bêtises*, reprit l'empereur, c'est malheureusement pour moi le vrai mot.

On se demandait si l'impératrice Marie-Louise viendrait habiter l'île? Napoléon a laissé apercevoir qu'il espérait la voir arriver, et il a dit, en jetant les yeux sur le plan d'ensemble de l'habitation qu'il devait occuper :

— Voilà l'appartement de l'impératrice.

Un moment après il a laissé tomber sa tabatière et l'a ramassée bien vite en indiquant des craintes pour le portrait du roi de Rome qui l'ornait et qu'il a appelé son *pauvre petit chou!*

10 juillet. — L'empereur, fatigué des courses qu'il fait dans la journée, dîne avec assez d'appétit. Extrêmement frugal dans ses repas, il n'a pas d'heure fixe pour les prendre et paraît ne céder qu'au besoin d'une nourriture nécessaire. Il dit habituellement, et avec une sorte de regret :

« Allons ! il faut manger. »

Son grand plaisir est de pouvoir ouvrir des chemins pour des voitures, chose très difficile à l'île d'Elbe; le séjour de la campagne lui plairait infiniment s'il pouvait y être logé.

Napoléon s'est décidé à visiter le front de terre de Porto-Ferrajo, qui est très pénible à parcourir. Il devient très pesant, et ne peut guère marcher en montant; son air était bien plus rêveur que de cou-

tume : il s'est bientôt trouvé fatigué. Ayant pris, de
la hauteur du Falcone, des informations sur les mon-
tagnes qu'il avait en avant de lui, il a appris avec
étonnement qu'elles dépendaient du continent; il
a dit d'un ton pénétré :

« L'île est donc bien petite?...

Plusieurs pétitions, plusieurs bouquets de fleurs
lui ont été présentés ; il les a reçues toutes avec bonté, mais il n'a rien donné, afin qu'on ne lui offre
rien à l'avenir.

Le général Bertrand, grand maréchal du palais,
s'occupe de tout ce qui tient à l'organisation civile.
Le général Drouot, gouverneur de l'île, a pour attri-
but tout ce qui a rapport à l'organisation militaire; ces
deux officiers, hommes de mérite, rendent les plus
utiles services à sa majesté, qui a créé un conseil
d'État honoraire de dix membres, et a jugé à propos
de se créer un commencement de maison. Mais
que signifie cette réminiscence de la grandeur im-

périale, quand on est prisonnier sur une mine
de fer!

Quatre chambellans et six officiers d'ordonnance,
tous pris parmi les habitans les plus distingués de
l'Ile, ont été choisis avec des appointemens de douze
cents francs et de mille francs. Ce service se fait ré-
gulièrement, et l'on s'attend à voir incessamment
nommer quatre pages.

Dimanche dernier, Napoléon a eu *un lever* comme
aux Tuileries. Les habitans de l'Ile avaient été dé-
signés pour assister à ce lever, qui a été très nombreux.

Le général Vincent a eu ensuite l'honneur d'être
mandé près de sa majesté. La conversation a roulé
sur différens sujets : l'empereur faisant allusion à
la prise de Paris par les alliés, a exprimé un vif res-
sentiment contre le duc de Raguse ; il a long-temps
déploré le fatal départ de l'impératrice et du roi
de Rome ; et comme le général lui racontait, d'a-

près quelques ouï-dire , que le jeune prince s'était obstinément refusé à quitter le palais , et que madame de Montesquiou , sa gouvernante, avait été obligée de l'enlever de force, Napoléon s'est attendri, et lui a fait plusieurs fois répéter ces détails. Ensuite il l'a regardé en silence , et ses yeux voulaient dire : « Je ramènerai mon fils à ce palais qu'il voulait conserver par instinct. » Puis il a blâmé le peu d'énergie de son frère Joseph.

« Il a eu deux trônes à garder, a-t-il dit , et il les a perdu tous les deux par sa faiblesse. Après tout , a-t-il continué , la fatalité devait s'accomplir. »

L'empereur a parlé de l'impératrice Joséphine qui lui est toujours restée si chère. Il a dit lui avoir causé de grandes douleurs , et a justifié sa conduite par l'intérêt de la France.

« Eugène et Hortense se sont noblement montrés dans cette circonstance, a-t-il ajouté , le vice-roi surtout, qui perdait l'avenir du trône d'Italie, s'est résolu à un bien pénible sacrifice : Dieu m'est témoin que je ne l'oublierai jamais, qu'Eugène est mon fils d'adoption. »

Samedi 24 — Napoléon n'a pu emporter que son service de campagne ; il n'a ni bijoux, ni tabatière, ni diamans ; il a amené seulement deux fourgons de livres ; il veut avoir une bibliothèque de 24,000 volumes, disant qu'il ne peut exister d'autres ressources à l'île d'Elbe, où il n'y a personne à voir.

Une chose à remarquer, c'est que pendant les vingt jours que Napoléon a passé à Fontainebleau, aucun ministre, aucun maréchal, aucun sénateur, aucun conseiller d'État n'est venu le voir. Berthier qui était avec lui, avait demandé d'abord d'aller à Paris pour vingt-quatre heures : il est revenu et a sollicité un congé nouveau, assurant qu'il reviendrait ; mais il n'a plus reparu. Augereau a rencontré l'empereur et l'a embrassé : Napoléon ignorait encore son infâme proclamation *. Son valet-de-chambre, qui le servait depuis qu'il était général en chef l'a abandonné.

Un jardinier lui a été présenté. Il lui a demandé de son ton ordinaire, c'est-à-dire assez brusquement :

— Que savez-vous faire ?

Le jardinier, assez causeur, a oublié de parler uniquement de son affaire; il avait vu, disait-il, l'empereur en Flandre; sa femme et sa sœur avaient défendu deux batteries que l'ennemi voulait démonter... L'empereur ennuyé lui a dit :

« Faites-vous de la stratégie ou des parterres? si ce n'est que de la stratégie, je n'ai pas besoin de vous; je veux des choux et des navets. Prouvez-moi que vous savez en faire venir, et je pourrai vous prendre. »

* C'est une erreur : Napoléon en avait eu connaissance, mais il ne lui en parla pas par pudeur.

Napoléon a traité ensuite des gages de son jardinier, qui aura 1,500 francs et le logement.

Août le 2. — Dès le grand matin , Napoléon a
pris un bon nombre d'hommes de sa garde
pour leur faire enlever le pavé des rues dans lesquelles il veut passer en voiture ; il a beaucoup
cherché des chemins, impossibles à créer sans des
dépenses effrayantes ; il a fait venir pendant son
déjeûner, un très brave homme, le maçon Ciotti ,
qu'il a accablé de questions sur les citernes et les conduits d'eau ; c'est aussi pendant ce même déjeûner
qu'on lui a remis une traduction italienne d'Ossian
par Léoni. Il a avoué son goût pour ce poète, que cependant il a mis bientôt de côté, lorsqu'on lui a dit
que l'impératrice était en Toscane , et le prince
Eugène à Gênes. Il a entendu ces nouvelles avec
plaisir, et a paru ne point croire à la première ;
quant à la seconde , elle lui était connue depuis
long-temps ; puis, en se promenant dans les jardins,
il a répété qu'il serait heureux que l'impératrice

fut en Toscane ; le pays serait tranquille, a-t-il dit, il n'y aurait plus de funestes discussions.

« Quant à moi, a-t-il ajouté, je ne sortirai plus de mon île, je ne mettrai plus les pieds sur le sol continental, et si jamais je m'embarquais, ce serait pour aller en Angleterre. »

Lundi 10. — Napoléon, qui se montre tous les jours à sa garde, s'est occupé, pendant six heures consécutives, du casernement de ses grenadiers ; il a vu et touché les literies, a goûté le pain et le vin, et s'est plu à descendre dans des détails ignorés même de ses officiers, qu'il gronde quelquefois, tandis qu'il conserve toujours avec ses grenadiers un grand fond de douceur.

Une frégate anglaise, entrée vers les onze heures, a annoncé la prochaine arrivée de la princesse Pauline à bord d'une frégate napolitaine. Napoléon a reçu cette nouvelle à l'ancien temple de Jupiter, où il déjeûnait. Il paraît décidé à se faire construire une maison de campagne sur les ruines même du temple. Il est parti sur-le-champ pour voir sa sœur sur la frégate. La princesse qui était au lit avec la fièvre et qui ne voulait ni ne pouvait se remuer, a fini par quitter le bord, monter en voiture et venir dîner. L'empereur lui a cédé son propre lit, le seul qui convienne à l'état de la princesse, dans un palais aussi restreint.

11 août.— La princesse Pauline a passé la journée avec l'empereur son frère.

. . . .

Dans les premiers jours de février 1815, tout avait changé de face à Porto-Ferrajo. Les grenadiers préparaient leurs armes ; les marins leurs navires, et enfin le **20**, à une heure après-midi, l'ordre du départ fut donné. Pour aller où ?... personne ne le savait. Mais Napoléou était là, avec lui pouvait-on douter du succès !

A huit heures, un coup de canon avait donné le signal. Les Français s'élancent dans leurs barques, une musique guerrière se fait entendre, et l'empereur s'éloigne du rivage avec ses compagnons, tandis que les habitans les suivent encore de leurs regards et de leurs acclamations.

Quel moment solennel que celui où Napoléon posa le pied sur le radeau qui l'emportait lui et sa fortune !... Son visage était calme, son front sérieux. Tout-à-coup il s'écria, comme César :

« Le sort en est jeté! »

Les mots de *vive l'empereur !* mille fois répétés, se firent entendre de tous les points de la flottille qui se composait du brick l'*Inconstant*, portant vingt-six canons et quatre cents grenadiers, et de six autres petits bâtimens de transport montés par deux cents hommes d'infanterie, deux cents chasseurs Corses, et environ cent chevau-légers Polonais. Ces félouques et le brick étaient disposés de manière à ne point laisser apercevoir les troupes, et à ne présenter que l'aspect de bâtimens marchands.

Enchantés de quitter leur lieu d'exil, les vieux grenadiers qu'on avait placés au poste d'honneur, c'est-à-dire sur le brick, avaient repris toute leur gaîté, toute leur insouciance guerrière. L'empereur causait et plaisantait avec eux ; il tirait aux uns les oreilles, aux autres les moustaches ; il leur rappelait leurs dangers, leur gloire, et leur inspirait la confiance dont il était lui-même animé.

Cependant officiers et soldats brûlent d'apprendre où l'on va. Le respect ne permet à personne de le demander ; enfin, Napoléon rompt le silence :

« Grenadiers, s'écria-t-il, nous allons à Paris ! »

A ces mots, tous les visages s'épanouissent, la joie cesse d'être inquiète, et les cris de *vive l'empereur !* attestent à Napoléon que l'amour de la patrie ne s'éteindra jamais dans le cœur de ses soldats.

Une corvette anglaise, commandée par le capitaine Campbell paraissait chargée de surveiller l'île d'Elbe. Elle allait sans cesse de Porto-Ferrajo à Livourne et de Livourne à Porto-Ferrajo. Au moment de l'embarquement, elle se trouvait dans ce dernier port et ne pouvait causer aucune inquiétude. Mais voici qu'on signale dans le canal plusieurs bâtimens français. L'empereur armé d'une longue-vue cherche à les reconnaître de loin. Ne pouvant y parvenir, de dépit, il jette l'instrument qui seconde mal ses désirs, puis il se rassure :

« Bah ! bah ! ce n'est rien, fit-il, la brise de nuit favorisera notre marche, et, avant le point du jour, nous serons hors de vue. »

Cet espoir fut déçu. A peine avait-on doublé le cap Saint-André, de l'île d'Elbe, que le vent mollit et la mer devint calme. Au jour naissant, on n'avait fait que six lieues, et l'on était encore entre Caprée et l'île d'Elbe.

« Diable ! diable ! cela se gâte, murmura Napoléon.

Plusieurs marins étaient d'avis de retourner à Porto-Ferrajo ; il comprit leur pensée :

— Retourner en arrière ! s'écria-t-il vivement, y pensez-vous, mes braves ? c'est en avant qu'il faut aller.

— Mais, sire, la croisière française ?...

— Nous la prendrons à l'abordage ; au besoin, nous irions même en Corse ; là, du moins , nous sommes sûrs d'être bien reçus.

— Sire, la manœuvre devient difficile à cause du chargement.

— Eh bien ! qu'on jette à la mer tous les effets embarqués : la France est bonne et généreuse, elle nous les rendra.

A l'instant même, cet ordre fut joyeusement

exécuté. Vers midi, le vent fraîchit encore. A quatre
heures, on se trouva à la hauteur de Livourne.
Une frégate parut à cinq lieues sous le vent ; une
autre était sur les côtes de Corse et un bâtiment de
guerre qu'on reconnut être le brick *le Zéphir*, commandé par le capitaine Andrieux, venait droit, vent
arrière, à la rencontre de la flottille impériale. On
proposa de lui parler et de lui faire arborer le
pavillon tricolore. L'empereur, qui examinait atten-
tivement le brick, écouta cette offre sans y répondre
d'abord ; puis quand il jugea son inspection suffi-
sante, il se retourna vers les officiers qui l'entouraient :

« Il n'est pas temps encore, dit-il en souriant,
de revêtir la peau du lion ; déguisons-nous sous
celle du renard. Matelots et vous grenadiers, ôtez
vos bonnets, cachez-vous ! s'écria-t-il en saisissant le
porte-voix, cachez-vous sous le pont ; puis revenant à ses officiers : nous passerons à côté du brick
sans nous laisser reconnaître, et s'il a la vue trop

clairvoyante, eh bien ! alors, il sera toujours temps de lui faire changer de pavillon, en l'abordant. »

A six heures du soir les deux bricks passèrent bord à bord ; leurs commandans qui se connaissaient, s'adressèrent mutuellement la parole : Celui du *Zéphir*, après quelques questions, demanda des nouvelles de l'empereur. Aussitôt Napoléon saisit le porte voix et se mit à crier de toutes les forces de ses poumons :

« Merci ! commandant ; Napoléon se porte bien, parfaitement bien. »

Cette saillie excita la gaîté de tout l'équipage.

Les deux bricks allant en sens contraire furent bientôt hors de vue, sans que le capitaine Andrieux se doutât de la proie importante qu'il laissait échapper.

Dans la nuit du 27 au 28, le vent continua de fraîchir. A la pointe du jour on reconnut un bâtiment de 74 qui paraissait se diriger sur Saint-Florent ou sur la Sardaigne. L'empereur dont les regards dévoraient en quelque sorte l'espace, épiait sa marche. Après quelques momens il appelle le général Bertrand, et lui montrant le navire qui fuyait à l'horizon :

« Sauvés ! mon ami, sauvés encore une fois ! le voyez-vous, comme il disparait ! Quand je vous dis que mon étoile veille sur nous. »

L'empereur entra ensuite dans sa chambre d'où il sortit au bout de quelques minutes, tenant à la main des papiers. C'étaient deux proclamations qu'il avait lui-même écrites à l'île d'Elbe, et qu'il adressait l'une aux Français, l'autre à l'armée.

« Tenez, Bertrand, tâchez de déchiffrer ce grimoire. »

Le général prend le manuscrit de l'empereur, et aidé d'un secrétaire, s'efforce, mais en vain, de lire le griffonnage de Napoléon.

— Ma foi, Sire, dit-il en lui rendant les proclamations, nous avons fait preuve de la meilleure volonté du monde, mais nous nous avouons vaincus :
il nous est impossible de lire une seule de ces li-
gnes.

— Ah ! vous voilà bien : comme s'il fallait que je
susse écrire comme un maître d'école. Donnez-moi
ces papiers, et voyons si je serai plus heureux que
vous.

— Je le souhaite, Sire, dit gaîment le grand
maréchal en obéissant à l'empereur.

Napoléon, voulant soutenir cette sorte de défi,
mit toute son attention, toute sa patience à déchiffrer ce qu'il avait écrit. Il tourna, retourna les papiers en tous sens, les approcha de ses yeux, cherchant ainsi à deviner plutôt qu'à lire ; mais ses
efforts n'aboutirent à rien. Pendant ce temps-là,
Bertrand riait sous cape des gestes d'impatience,
des mouvemens d'humeur de l'empereur et des in-

jures qu'il s'adressait à lui-même. A la fin, n'y pouvant plus tenir, il s'approcha brusquement d'un sabord, et froissant le manuscrit dans ses mains, il le jeta à la mer. Le grand maréchal ne put alors retenir une exclamation d'hilarité.

« Bon! bon! riez bien, dit l'empereur, disposé à son tour à s'égayer à ses propres dépens, mais si jamais je retrouve mon maître d'écriture de Brienne, il lui en cuira d'avoir fait un si mauvais écolier. En attendant, général, vous allez payer les frais de la guerre, car il faut que vous m'aidiez à recomposer mes proclamations perdues. »

Celui-ci s'inclina, fit venir le secrétaire de l'empereur; mais le grand maréchal n'eut pas la peine de composer une proclamation, car, après quelques momens de réflexion, Napoléon dicta d'un seul trait les deux fameuses adresses datées du golfe Juan, et qui commencent par ces mots :

« Soldats! nous n'avons pas été vaincus... » et, « Français! la défection du duc de, etc... »

L'œil en feu, les bras tendus, en un mot, dans une attitude inspirée, l'empereur, en dictant à son secrétaire les phrases qu'il avait à peine le temps d'écrire, semblait animé de la plus profonde indignation. On eût dit qu'il avait là, devant lui, les généraux qu'il accusait d'avoir livré la France, et les ennemis qui l'avaient subjuguée.

Quand il eut fini de dicter, il relut les proclamations et en parut satisfait.

« Maintenant, dit-il, il nous faudrait des milliers d'exemplaires de ces adresses, car je veux les lancer dans toute la France à mon arrivée ; je veux qu'elles ébranlent, jusque dans leurs foyers les plus reculés, les cœurs de tous mes sujets. Comment faire pour suppléer au défaut de l'imprimerie ? Ah ! j'y suis !... Bertrand, qu'on lise ces proclamations aux matelots, aux soldats, à tous les hommes qui sont à bord, que ceux qui savent écrire me servent de copistes. »

A peine cet ordre fut-il connu, qu'en un instant

chacun fut à l'œuvre. Les bancs, les tambours servirent de tables ; et soldats, marins et officiers se mirent à copier avec un enthousiasme et des transports de joie difficiles à décrire.

A peine eut-on relevé toutes les copies qu'on aperçut au loin les côtes d'Antibes. Aussitôt l'empereur et ses braves saluèrent de leurs cris empressés la terre de la patrie, et reprirent la cocarde tricolore. Celle de Napoléon, souverain de l'île d'Elbe, était blanche et amarante, parsemée d'abeilles d'or. Le premier mars, à trois heures, on entra dans le golfe Juan. Le général Drouot, et un certain nombre d'officiers et de soldats, montés sur la felouque la *Caroline*, abordèrent avant l'empereur qui se trouvait à une certaine distance du rivage. Au moment même, ils aperçurent à droite un gros navire qui leur parut, à tort, se diriger sur le brick de Napoléon. Ils furent subitement saisis de la plus grande inquiétude. Le général Drouot ordonna de décharger la *Caroline*, et d'aller à la rencontre du brick. En

un instant, canons, affûts, caissons, bagages, tout
fut jeté sur le sable, et déjà les grenadiers et les marins de la garde accouraient en toute hâte, lorsque
des acclamations parties du brick frappèrent leurs
oreilles. C'était l'empereur... Il n'avait pu attendre plus long-temps, et était descendu dans un
canot.

Les alarmes cessèrent, et les grenadiers, les bras
tendus vers lui, l'accompagnèrent jusqu'au rivage,
qu'il toucha à cinq heures du soir. C'était le premier mars 1815.

Napoléon établit aussitôt son bivouac dans un
champ d'oliviers, et passa cette soirée à causer
avec les officiers de sa garde.

« Voilà, disait-il en regardant autour de lui,
un heureux présage! puisse-t-il se réaliser. »

« Je vois d'ici, leur disait-il, la peur que je vais
faire aux partisans de la restauration. Qu'ils se ras-
surent, je connais trop bien les hommes pour vou-

loir les punir d'être inconstans et mobiles ! mais aussi, reprenait-il en s'adressant à ses compagnons avec le regard animée de la plus douce bienveillance, je connais trop bien le prix du véritable dévoûment, pour ne pas le payer de toute mon amitié, de toute ma reconnaissance. »

Aussitôt après son débarquement, Napoléon avait dirigé sur Antibes, un capitaine de la garde et vingt-cinq hommes. Leurs instructions portaient de s'y rendre comme déserteurs de l'Ile-d'Elbe, de sonder les dispositions de la garnison, et si elles paraissaient favorables d'en profiter. Mais entraînés par leur imprudente ardeur, électrisés par la mission dont ils étaient chargés, ils entrèrent dans la ville aux cris de *vive l'empereur !* Le commandant les retint prisonnier.

Pendant ce temps, Napoléon, les bras croisés derrière le dos, se promenait avec agitation en attendant le retour de ses envoyés. Impatienté du retard apporté par leur captivité, qu'il ignorait encore, mais qu'il pressentait, il fit appeler un officier de la garde :

« Rendez-vous sur-le-champ sous les murs d'Antibes, lui dit-il, vous ferez remettre cette dépêche au général Cassin; surtout n'entrez pas dans la place, on pourrait vous y retenir. Vous attirerez les soldats, vous leur lirez ma proclamation; vous les haranguerez. — Ne savez-vous donc pas, leur direz-vous, que votre Empereur est là? qu'attendez-vous?... Voulez-vous laisser à d'autres l'honneur de se réunir à lui avant vous? l'honneur de marcher les premiers avec lui à son avant-garde? Venez saluer le drapeau tricolore : la patrie et l'empereur vous l'ordonnent!... venez !!! »

Cet officier partit et revint bientôt annoncer que les portes de la ville et du port étaient fermées, qu'il ne lui avait pas été possible de parler au général Cassin, ni même aux soldats. Napoléon parut contrarié; mais peu inquiet de ce contre-temps. A onze heures du soir, il se mit en marche traînant à sa suite quatre pièces d'artillerie. Les Polonais n'ayant pu embarquer leurs chevaux, avaient emporté leurs harnachemens, et marchaient joyeusement à l'avant-garde, courbés sous le poids de cet énorme bagage. Napoléon faisait acheter tous les chevaux qu'il rencontrait, et à chaque nouvelle acquisition de ce genre, il s'écriait :

« Encore un renfort pour ma cavalerie. Quand nous serons à vingt nous ferons une croix. »

La petite escorte impériale traversa successivement Cannes, Grasse, et arriva dans la soirée du 2, au village de Cerenon.

Le 3, Napoléon coucha à Barême, le 4 à Digue, le 5 à Gap, où il ne conserva près de lui qu'une escorte de six hommes à cheval et quarante grenadiers : les autorités de la ville s'étaient éloignées à son approche. Au reste, qu'avait-il besoin d'escorte et de soldats ? nul ne songeait à l'inquiéter. Le bruit de son débarquement qui le devançait de proche en proche, excitait partout un sentiment mêlé de joie, de surprise et d'espérance.

Ce fut à Gap que l'empereur fit imprimer ses proclamations. Elles se répandirent avec la rapidité de l'éclair, et enflammèrent tous les cœurs d'un dévoûment si complet et si prompt, que toute la population du pays voulait se lever en masse et marcher à l'avant-garde. Napoléon n'emprunta point alors, comme on l'a prétendu , ni la qualité de *général en chef*, ni celle de *lieutenant-général de son fils*. Avant de quitter l'Ile-d'Elbe, il s'était déterminé à reprendre, aussitôt son débarquement, le titre d'Empereur des Français, et c'est de ce nom magique qu'il signa les remercîmens publics qu'il adressa aux habitans des Basses-Alpes, lorsqu'il s'éloigna de la ville de Gap, au milieu de toute une population accourue sur son passage.

A Saint-Bonnel, il eut beaucoup de peine à empêcher les habitans de sonner le tocsin pour réunir les villages et rendre plus imposante la faible garde qui l'accompagnait.

Le même jour, l'Empereur vint s'arrêter à Gorp. Le général Cambronne et quarante hommes, formant l'avant-garde, poussèrent jusqu'à Mure. Dans ses reconnaissances, ce général marchait presque toujours seul en avant de ses grenadiers, pour éclairer leur route et leur faire préparer d'avance les logemens et les subsistances. A peine avait-il prononcé le nom de l'Empereur qu'on s'empressait de lui témoigner la plus vive et la plus tendre sollicitude.

Un jour il pousse son cheval au galop, et arrive à Sitteron, tandis que sa troupe était restée à plus d'une lieue en arrière. L'air martial du général, cet uniforme de l'empire, réveillent les sympathies d'un grand nombre d'habitans que la rumeur publique avait instruits de l'arrivée de l'empereur. On entoure Cambronne, on le questionne, on lui offre des provisions, on lui promet un concours

unanime ; il accepte ces témoignages d'amitié, refuse pour lui les vivres qu'il réserve à ses compagnons, et demande aux habitans où se trouve située
la mairie : c'est là qu'il veut descendre, afin d'y
organiser les logemens de la troupe. On l'y conduit
presqu'en triomphe. Pendant cette ovation, le maire
de la ville qui était un marquis de l'ancien régime ,
était dans la salle commune avec une foule de pro-
priétaires et de laboureurs qu'il haranguait , pour
tâcher de les maintenir dans leur fidélité au roi et à
la restauration. Soit conviction , soit excès de zèle ,
ou simplement même comme moyen oratoire, il
leur représentait Bonaparte et son escorte comme
un ramas de brigands et d'incendiaires qui revenaient sur le sol de France , afin d'y exercer les plus
cruelles représailles.

On écoutait le maire ; quelques-uns étaient alar-
més de ses sinistres prophéties. Cependant un vieux
laboureur, homme de sens et d'expérience , se le-
vaut, dit au maire :

—Des représailles, monsieur le maire, des représailles; mais contre qui, s'il vous plaît? Contre ceux
qui ont fait du mal à l'empereur, n'est-ce pas? Contre
ceux qui lui ont pris sa place ou qui ont trahi sa
cause? A la bonne heure. Le Petit-Caporal est peut-
être bien homme à se venger de ceux-là; mais
comme je n'en sommes pas, nous, continua le vieil-
lard, en s'adressant à l'assemblée qui paraissait
disposée à partager son opinion, m'est avis qu'il ne
nous arrivera rien, et que nous ferons mieux de
nous en aller chez nous et de recevoir honnêtement
les gens de l'empereur, s'ils viennent nous trouver,
que de rester ici les bras croisés, à perdre notre
temps.

L'assemblée, persuadée par le raisonnement du
laboureur, allait se séparer, malgré les efforts du
maire, lorsque l'arrivée du général Cambronne,
qui mettait en ce moment pied à terre devant le
perron de la mairie, arrêta brusquement le mouvement du départ. Le marquis profita de ce mo-

ment pour renouveler avec plus d'énergie les argumens qu'il avait fait valoir contre l'empereur, et interprétant habilement la présence de Cambronne :

— Eh·bien! voyez-vous, maintenant, gens timides et crédules, voyez-vous s'accomplir mes paroles ! un émissaire de Napoléon est venu nous braver jusqu'ici. Et savez-vous ce qu'il vient y faire? Ne le devinez-vous pas? Il vient nous voler, nous ruiner ; il vient me demander des ordres pour installer chez vous des garnisaires qui dévoreront la substance de vos sueurs et de vos fatigues, qui pilleront vos greniers et vos caves. Qui sait même s'ils ne porteront pas plus loin leurs excès... Il vient...

Tout-à-coup Cambronne parut à l'extrémité de la salle, et la parole expira sur les lèvres du marquis... Le général regardant avec calme tous ces visages émus de sentimens divers , ôta son chapeau, et d'une voix forte :

— Je viens, mes frères, vous apporter la paix et

le calme ; je vous apporte l'amitié de Napoléon ,
qui ne touchera pas à vos propriétés , et qui a défendu, sous peine de la vie, à chacun de ses soldats,
d'enfreindre ses ordres formels.

A ces mots, un murmure approbateur témoigna
subitement au marquis de l'état des esprits de ceux
qui l'entouraient. Se sentant trop faible pour résis-
ter désormais, il essaya de balbutier quelques excuses, et parut n'avoir éprouvé que la crainte de n'être
point soldé des frais qu'allait causer le passage de
l'empereur. En entendant ce langage, Cambronne
tira sa bourse, la jeta froidement aux pieds du marquis, et lui dit :

« Monsieur, payez-vous d'avance. »

Quelques momens après cette scène, le bataillon
de l'île d'Elbe débouchait sur la place de la Mairie,
et les habitans, désormais attachés à la cause de
l'empereur, improvisaient un drapeau tricolore,
pour en faire hommage à leurs nouveaux frères.

Cependant, Cambronne s'apprête à marcher avec ses quarante grenadiers au-devant de l'empereur. Tout-à-coup un bruit d'armes se fait entendre; les tambours battent, des soldats paraissent. C'est un bataillon envoyé de Grenoble pour fermer le passage à la troupe de l'empereur. Cambronne s'élance au-devant des opposans ; il agite son épée, il montre sa cocarde tricolore et se dispose à haranguer les soldats; mais, par ordre des officiers, un roulement prolongé couvre sa voix.

Alors il tourne bride, et court instruire l'empereur de la résistance qu'il vient d'éprouver.

« C'est bien, dit Napoléon , nous allons voir. »

Et sa garde, bien qu'abîmée par une marche forcée à travers les neiges, et des chemins rocailleux, oublie ses fatigues et vole sur ses traces.

Ce mouvement fut si rapide, si instantané, si enthousiaste en un mot, que l'empereur, touché de tant de dévoûment, se retourna vers ses braves et leur dit les larmes aux yeux :

« Avec vous, je ne craindrais pas dix mille hommes. »

Cependant, le bataillon venu de Grenoble avait rétrogradé, et pris position à trois lieues de Gorp. L'empereur se dirige de ce côté. Il trouve sur la ligne opposée, un bataillon du 5ᵉ régiment de ligne, une compagnie de sapeurs et une compagnie de mineurs, en tout sept à huit cents hommes. Napoléon leur envoie le chef d'escadron Raoul : les troupes refusent de l'entendre. Qu'on juge des sentimens que dut éprouver l'empereur en voyant ce résultat! Son escorte attendait dans la plus vive anxiété la détermination à laquelle il s'arrêterait. L'attente ne fut pas longue. Un éclair illumina les yeux de Napoléon, et mettant pied à terre, il marcha droit au détachement, suivi de sa garde, l'arme baissée. Quand il fut à quelque distance des troupes qui se tenaient immobiles, et pétrifiées en quelque sorte par la présence de cet homme qui les avait tant de fois menées à la victoire, il s'écria d'une voix émue :

« Eh ! quoi, mes amis, ne me reconnaissez-vous pas ? S'il est parmi vous un soldat qui veuille tuer son général, son empereur, il le peut, me voilà. »

A cette parole, il y eut un mouvement d'hésitation dans cette masse de soldats. Un bourdonnement confus circula d'abord de rang en rang ; bientôt le bruit devint plus fort ; il s'accrut, et tout-à coup des centaines de voix, confondues en une seule, portèrent aux nues, avec l'explosion de la tempête, le cri de *Vive l'empereur* !

Alors les rangs sont ouverts, on se précipite dans les bras les uns des autres, les nouveaux venus entourent l'empereur, se disputent ses regards et l'honneur de baiser cette redingotte grise qui devait un jour devenir historique.

Entre Vizille et Grenoble, un adjudant-major du 7e de ligne vint annoncer que Labédoyère accourait avec son régiment à la rencontre de l'empereur. En effet, on entendit bientôt de nombreuses acclamations : c'était Labédoyère et le 7e. L'empereur s'avança précipitamment au-devant du colonel et l'embrassa à plusieurs reprises. En même temps, il rassembla autour de lui les officiers principaux qui venaient de se rattacher à sa cause, et les joignant à son état-major, il tint en pleine campagne une sorte de conseil. Après quelques paroles expressives d'une sincère reconnaissance pour leur dévoûment, il récapitula les progrès qu'il venait de faire, et il finit par leur demander ce qu'il était convenable d'exécuter dans la situation présente.

— Entrer ce soir même à Grenoble, s'écria Labédoyère. L'enthousiasme public vous y présentera les clés de la ville.

—Qu'en pensez-vous, messieurs, dit l'empereur en souriant de la vivacité du colonel.

— Oui, oui, à Grenoble ! répondirent-ils tous.

—Eh bien, donc à Grenoble ! Je vous y retiens à dîner, pour ce soir.

On se mit en marche. A quelque distance de la

ville, l'avant-garde, rencontra un jeune homme qui demanda à être conduit devant l'empereur. On le crut chargé de quelques propositions émanant des autorités de la ville, et on se hâta de satisfaire à sa demande. Napoléon lui-même le prenant pour un émissaire du commandant, le reçut avec une froide dignité.

— Vous avez desiré parler à l'empereur? que lui voulez-vous, monsieur?... Vous paraissez inquiet... Rassurez-vous, vous êtes ici avec des amis et non avec des traîtres. Parlez librement ; quelles que soient les propositions dont vous êtes porteur, il ne vous sera pas fait d'autre traitement que celui que tout Français a droit d'attendre de Napoléon.

—Sire, ce que vous prenez pour de l'inquiétude, répondit le jeune homme, est seulement le regret de n'avoir pas été deviné ; et quant aux propositions dont vous me croyez le messager, les voici : je viens offrir à Votre Majesté cent mille francs et mon épée.

Un instant Napoléon, ému par cette parole

inattendue, ne put répondre. Rompant enfin le silence :

— Mon ami, lui dit-il, restez avec nous, nous ne voulons que votre épée.

Puis détachant la sienne et la lui remettant, l'empereur continua :

« Prenez celle-ci : toutes les fois que vous vous en servirez, elle vous rappellera celui auquel vous venez de la consacrer. »

Le commandant avait fait rentrer les troupes dans Grenoble et fermer les portes. Les remparts étaient couverts par le 5ᵉ régiment du génie, composé de 2,000 sapeurs, tous vieux soldats criblés d'honorables blessures ; par le 4ᵉ d'artillerie de ligne, ce même régiment où l'empereur, vingt-cinq ans auparavant, avait été fait capitaine ; puis les deux autres bataillons du 5ᵉ de ligne, et les hussards du 4ᵉ.

Jamais ville assiégée n'offrit un semblable spectacle. Les assiégeans, l'arme renversée, et marchant dans le désordre de la joie, approchaient des murailles en chantant. La garnison, la garde nationale, la population, répandues sur les remparts, regardèrent d'abord avec surprise ces transports de dévouement. On s'était attendu à une attaque de soldats, on ne trouva que le bruit contagieux des acclamations de *Vive la France ! vive l'empereur vive Grenoble !* Que dire de plus ? Les remparts, les armes et les canons furent bientôt désertés. Le peuple et les soldats se précipitèrent aux portes : en un instant elles furent enfoncées, et Napoléon entouré, pressé par une foule idolâtre, fit son entrée triomphale à Grenoble.

Quelques momens après, les habitans, au bruit de la musique, vinrent lui apporter les débris des portes :

« Tenez, dirent-ils, nous n'avons pas les clés, mais voilà les portes de la ville. »

Napoléon, harassé de fatigue, prenait en ce moment quelques rafraîchissemens ; il en fit distribuer à tous ces braves gens ; puis remplissant un verre et l'élevant :

« Mes amis, s'écria-t-il, à votre santé, à la prospérité de la nation ! »

Des houras, des trépignemens de joie accueillirent ce toast de l'empereur, qui , se retournant vers son état-major, lui dit avec une confiance qu'il n'avait pas encore montré jusqu'à ce moment :

« Courage, compagnons ; maintenant nous sommes sûrs d'arriver à Paris. »

De Grenoble, Napoléon gagna Lyon sans peine, et en sortant de cette dernière ville, ce fut sur Mâcon qu'il se dirigea. Il ne voulut pas descendre à la préfecture et alla loger à l'auberge du *Sauvage*. Il n'avait plus besoin, comme à Grenoble, d'attendre aux portes des villes ; le peuple et les magistrats accouraient à sa rencontre et se disputaient l'honneur de lui offrir, les premiers, leurs hommages et leurs vœux.

Le 14, de bonne heure, on arriva à Châlons. Il faisait un temps épouvantable, et cependant toute la population s'était portée hors de la ville pour voir l'empereur quelques momens plutôt. Il aperçut, en approchant des murs, des caissons et de l'artillerie. Quelques Châlonnais, qui se tenaient près de lui, ayant suivi la direction de ses regards, se hâtèrent de lui donner une explication que, sans doute, il n'aurait pas tardé à demander lui-même.

— Sire, ces canons étaient destinés à agir contre vous, nous les avons arrêtés au passage et nous vous les présentons.

—Et moi, dit Napoléon, je les accepte, mes enfans, pour ne m'en servir jamais que contre les ennemis de la France.

Puis il fit une halte pour adresser à la foule des habitans qui se pressaient autour de lui afin de le mieux voir, quelques paroles de bienveillance et d'affection :

« Je n'ai point oublié, leur dit-il, que vous avez,

pendant quarante jours, resisté à l'ennemi, et défendu vaillamment le passage de la Saône : Si tous
les Français avaient eu votre courage et votre patriotisme, il ne serait pas sorti de notre territoire
un seul étranger.... »

Des bravos l'ayant interrompu, il reprit quelques
instans après :

« Châlonnais ! faites-moi connaître le brave qui
s'est le plus distingué dans cette mémorable défense,
je veux le récompenser : c'est pour le courage personnel et le dévouement à la patrie que j'ai institué
l'ordre de la Légion-d'Honneur.

Un murmure confus succéda à ces paroles. Ces
habitans appelés à désigner à l'empereur le nom
du plus brave des leurs, hésitaient entre un grand
nombre de concurrens à peu près également dignes
de leur choix. Bientôt cependant toutes les opinions
se rallièrent à une seule. Toutes les voix nommèrent
le maire de Saint-Jean-de-Lône. Aussitôt Napoléon
le fit approcher, et, en présence de ses concitoyens,

il lui donna la croix. Des cris d'enthousiasme accompagnèrent l'empereur jusqu'à sa résidence.

Avant son dîner, on lui amena quelques personnes qui arrivaient de Paris. Après les avoir longuement questionnées, il s'apprêtait à les congédier, lorsqu'il remarqua parmi elles un employé supérieur du personnel au ministère de la guerre, fort connu par ses opinions royalistes. Les assistans, en voyant Napoléon fixer son regard sur ce fonctionnaire qu'il n'avait point aperçu jusque-là, s'attendaient à de terribles reproches ou à quelque vif éclat de colère; il n'en fut rien. L'empereur, du ton le plus amical, l'engagea à dîner avec lui. Celui-ci s'était incliné pour remercier. Comme il se relevait, Napoléon aperçut sur sa poitrine la décoration de Saint-Louis.

—Eh quoi! monsieur, lui dit-il en souriant, ignorez-vous donc qu'au nombre des décrets que j'ai signés à Lyon, il en est un qui ordonne la suppression de l'ordre que je vois à votre boutonnière?

— C'est vrai, sire, et cet ordre en serait peut-être un pour moi si je n'étais pas votre prisonnier.

Napoléon comprit la finesse de cette réponse, et trop généreux pour exiger du parti qui lui était opposé, une renonciation complète de ses droits et de ses privilèges dans le moment où sa qualité de vainqueur lui donnait tant de puissance pour l'obtenir, il ne fit plus d'autre observation à son hôte, et continua, pendant la soirée, d'être vis-à-vis de lui d'une humeur charmante.

Le 16, la petite armée impériale s'arrêta à Avalon. Napoléon y fut accueilli comme il l'avait été partout : c'est-à-dire au milieu de démonstrations qui tenaient réellement du délire. On se pressait, on s'étouffait pour l'apercevoir, pour l'entendre, pour lui parler. Son logement fut un instant assiégé par une foule si nombreuse et si opiniâtre, qu'il était en quelque sorte impossible aux officiers d'entrer où de sortir.

Les hommes qui faisaient partie de la garde nationale voulaient rester en faction du matin au soir. Les femmes les plus distinguées de la ville passaient le jour et la nuit dans les escaliers et dans les corridors pour épier son passage. Trois d'entre elles, fatiguées de s'être tenu debout toute la journée, faute de siège, demandèrent aux officiers de l'état-major la permission de s'asseoir à côté d'eux. C'était dans une salle contiguë à la chambre de l'empereur ; on avait jeté à terre de mauvais matelas pour qu'il leur fut possible de se reposer quelques momens. Rien n'était plus plaisant que de voir ces trois jeunes élégantes bonapartistes groupées timidement sur un grabat, au milieu du bivouac des officiers. Ils voulurent, par galanterie, chercher à leur tenir compagnie ; mais bientôt, épuisés de fatigues et d'émotions, ils s'endormirent profondément.

Pendant ce temps-là, l'une de ces dames s'était levée, et était allé se mettre en faction à la porte de l'empereur, où elle passa quelque temps ; elle fit ensuite place à une autre de ses compagnes, et toutes les trois s'acquittèrent ainsi, à tour de rôle, des fonctions qu'elles avaient en quelque sorte dérobées aux officiers de Napoléon.

Tout-à-coup les portes du cabinet s'ouvrent : c'est l'empereur !

Effrayées, nos dames factionnaires veulent fuir. Mais la voix de Napoléon les arrête. Il les remercie en termes aimables et galans de leur généreux dévouement à sa personne. En même temps, il s'apprête à gronder ses officiers, que sa voix réveille à grand'peine. Cependant, vaincu par les prières de ses gardiennes, et touché aussi de la fatigue de ses compagnons, il se retire sans bruit pour les laisser dormir encore, non sans avoir mille fois remercié les jolies bonapartistes d'Avalon.

Ce fut dans cette ville, qu'un officier d'état-major vint apporter la soumission et l'ordre du jour du maréchal Ney.

A cette nouvelle importante, l'activité et l'impatience de l'empereur redoublèrent encore : plus il approchait du but, plus il était jaloux de l'atteindre promptement.

Le 17, on arriva à Auxerre, et là, pour la première fois, il fut reçu par un préfet.

En avant de Fossard, il aperçut rangés en bataille les dragons du régiment du roi, qui avaient abandonné leurs officiers pour venir le rejoindre. Il mit pied à terre, les salua avec cette gravité qui lui seyait si bien, et leur distribua des complimens et des grades. Aucun régiment ne pouvait lui échapper : quand les officiers faisaient des façons, les soldats venaient sans eux.

On le prévint en route que deux mille gardes du corps étaient postés dans la forêt de Fontainebleau. L'empereur jugea cet avis peu vraisemblable, et il fallut toutes les instances de ses compagnons pour le décider à se faire accompagner par environ deux cents cavaliers. Jusqu'alors il n'avait eu d'autre escorte que la voiture du général Drouot, qui précédait la sienne. Deux colonels et quelques capitaines polonais galoppaient aux portières. Les chevaux, les postillons et les courriers, parés de rubans tricolores et de bouquets, donnaient à ce retour le plus grand air de joie et de fête.

On marcha toute la nuit ; l'empereur voulait arriver à Fontainebleau à la pointe du jour. On lui fit observer qu'il serait peut-être imprudent de descendre au château ; il répondit :

« Bah ! s'il doit m'arriver quelque chose, toutes ces précautions-là n'y feront rien. Notre destinée est écrite la haut !.... »

Enfin, on atteignit les portes du palais. Napoléon impatient, n'attendit pas qu'on l'aidât à descendre de voiture : passant la moitié du corps hors de la calèche, il tourna lui-même le bouton de la portière, l'ouvrit et sauta à terre avec la vivacité d'un jeune homme.

A deux heures, le 20 mars 1815, Napoléon se mit en route pour Paris. C'était, comme on sait, l'anniversaire de la naissance de son fils. Il avait voulu absolument entrer dans sa capitale sous des auspices aussi heureux.

Retardé par la foule amassée sur son passage et par les félicitations des troupes et des généraux accourus au-devant de lui, il ne put arriver qu'à neuf heures du soir.

Aussitôt qu'il eût mis pied à terre, on se précipita sur lui ; mille bras l'enlevèrent en triomphe. Rien n'était plus touchant que la réunion confuse de cette foule d'officiers, de généraux qui s'étaient précipités, dans les Tuileries, sur les pas de Napoléon. Ils oubliaient la majesté du lieu pour s'abandonner sans contrainte au besoin d'épancher leur joie et leur bonheur.

L'empereur était dans le ravissement : jamais on ne le vit aussi fou de gaîté, aussi prodigue de marques d'amitié. Ses discours se ressentaient de l'agitation de son cœur ; les mêmes paroles lui revenaient sans cesse à la bouche. Mais, malgré son trouble extrême, il savait encore trouver des paroles de reconnaissance pour chacun. Ce fut une bienheureuse soirée que celle-là : soirée d'espoir, de bonheur et de paix ; soirée où l'on forma de si nobles projets, où l'avenir se colorait d'un si riant azur !...

Pourquoi donc, lorsque cette foule murmurante se fut écoulée, lorsque le palais des Tuileries retrouva enfin un peu de calme après les émotions de cette impérissable journée, pourquoi Napoléon, penché sur la balustrade d'une des fenêtres du palais, eût-il un visage si pensif et des regards si rêveurs ?... C'est sans doute parce que, à côté de l'extrême joie, Dieu a placé de vagues pressentimens, pour nous rappeler que tout bonheur, ici-bas, est éphémère, et pour avertir Napoléon, par une lointaine intuition, que la pourpre des Tuileries était voisine de la tombe de Sainte-Hélène ?....

. . . .

Ici finissait le manuscrit de M. P***.

MORT ET FUNÉRAILLES

DE NAPOLEON.

I

« Je m'apprends à mourir, » répondait tranquillement l'empereur à son médecin Antommarchi un jour que celui-ci, le voyant plus abattu que de coutume, lui reprochait avec douceur de n'avoir pas pris, la veille, une potion qu'il lui avait préparée. « Ne savez-vous pas que l'Angleterre réclame mon cadavre? avait-il ajouté ; il ne faut pas la faire attendre trop long-temps. »

Antommarchi ayant essayé de lui persuader que son état offrait encore des chances de guérison, l'empereur l'interrompit en lui disant avec un signe de tête négatif :

« Non, docteur, non ! Pourquoi me bercer d'illusions trompeuses, je sais ce qu'il en est : je suis résigné. L'Angleterre a trouvé le moyen de m'exiler même dans mon exil. Hudson-Lowe aurait bien voulu me tirer un coup de fusil pour me tuer plus vite* ; mais la blessure eût saigné aux yeux du monde

---

* «Déjà Napoléon avait été forcé d'interrompre ses courses à cheval dans l'île, et il n'y faisait plus ses promenades quotidiennes qu'à pied. Un jour, accompagné de M. de Las-Cases et du général Gourgaud, il remontait tout doucement la vallée par le revers opposé à Longwood, lorsque, parvenu à l'une des crêtes, où jusque-là il n'avait aperçu aucun factionnaire, tout-à-coup un soldat parut au loin, poussant de grands cris et faisant à l'empereur un signe énergique comme pour lui intimer l'ordre de retourner sur ses pas. Les trois promeneurs se trouvant dans la circonscription de leur enceinte, ne tiennent aucun compte des avertissemens et du geste de l'Anglais, et continuent tranquillement leur marche. Alors le soldat s'avance de quelques pas, charge son arme et couche en joue Napoléon... Mais le général Gourgaud avait deviné l'intention du factionnaire et s'était aussitôt élancé sur lui pour l'empêcher de tirer. Pendant ce temps, l'empereur s'était arrêté ; il regarda froidement le soldat en

et sali toute l'histoire d'Angleterre. Comme on ne voit pas saigner le cœur, c'est au cœur qu'ils m'ont frappé en m'outrageant en valets de bourreaux, en me disputant mon pain, mon lit et jusqu'à mon ombre... N'ai-je pas été assez patient à la torture?... Il faut en finir avec eux. »

En effet, l'année 1821 avait commencé sous de funestes auspices pour les exilés de Sainte-Hélène. Dès le commencement d'avril, Antommarchi avait jugé que Napoléon touchait aux derniers jours de sa vie. L'illustre captif ne cherchait pas non plus à s'abuser sur sa fin prochaine ; mais toujours sem-

haussant les épaules d'un air de pitié ; puis il continua paisiblement sa route sans prononcer une parole. M. de Las-Cases, resté un peu en arrière pour être témoin de ce qui allait se passer, vit le général se colleter un moment avec l'Anglais, qu'il parvint enfin à entraîner jusqu'au poste voisin ; mais, arrivé là, le soldat s'échappa de ses mains et se mit à fuir à toutes jambes. Le général Gourgaud apprit à Napoléon que cet homme était un caporal ivre, qui sans doute avait mal interprété sa consigne. Cette circonstance pouvant se renouveler, fit frémir de crainte les officiers de l'empereur, tandis que lui ne vit dans cet incident qu'un affront moral et une nouvelle insulte de Hudson-Lowe. »
(*Note communiquée.*)

blable à lui-même, il regardait la mort avec la même impassibilité, le même sang-froid que sur les champs de bataille. Le 17 mars précédent il avait dit à son médecin :

« Ce n'est pas la faiblesse, c'est la force qui m'étouffe, c'est la vie qui me tue. » puis regardant le ciel beau et sans nuages, il ajouta avec regret : « Il y a six ans; à pareil jour (il était à Auxerre, revenant de l'île d'Elbe), il y avait des nuages au ciel !... Ah ! je serais guéri si je revoyais ces nuages. » Et posant la main du docteur sur sa poitrine : « C'est un couteau de boucher qu'ils m'ont mis là, reprit-il en respirant avec peine, et ils ont brisé la lame dans la plaie. »

Cependant la grande âme de l'empereur ne faiblissait pas devant l'idée de la destruction, et, à le voir présider à la rédaction de son testament, à le voir distribuer à chacun sa part de gloire dans ses immortels souvenirs, on eût dit qu'il s'occupait encore de la conquête d'un empire ou du succès d'une bataille. Tout ce qu'il disait était rempli de dignité, de calme et de bonté. Le lit dans lequel il était à demi couché était couvert d'objets scellés, destinés soit à son fils, soit à sa famille, soit aux officiers, ou aux serviteurs de sa maison.

Le même jour, à neuf heures du soir, enveloppé dans sa robe de chambre et assis dans un grand fauteuil, un petit guéridon devant lui, Napoléon fit apposer sur ses testamens et ses codiciles les signatures et les cachets de ses trois exécuteurs testamentaires : le comte Bertrand, le général comte Montholon, et Marchand, son premier valet de chambre. Puis ayant ainsi qu'il le voulait *mis ordre à ses affaires*, il s'occupa longuement de l'état et des besoins de tous ceux qui l'avaient accompagné. Il entretint ses exécuteurs testamentaires de ce qu'ils auraient à faire à leur arrivée en Angleterre et en France pour que ses cendres ne restassent pas exilées à Sainte-Hélène. Il leur dit à ce sujet :

« Lorsque vous verrez mon fils, vous l'engagerez

à reprendre son nom de Napoléon aussitôt qu'il sera en âge de raison et qu'il pourra le faire convenablement. S'il y avait un retour de fortune et qu'il remontât sur le trône, il est de votre devoir, messieurs, de lui mettre sous les yeux tout ce que je dois à mes vieux officiers, à mes vieux soldats, à mes fidèles serviteurs. Mon souvenir, j'en suis certain, fera la gloire de la vie de mon fils... Je désire que, le moins possible, les personnes de mon sang, soient à la cour des rois; je désire encore que mes neveux et nièces se marient entre eux, soit dans les états romains, soit dans les républiques suisses, soit dans les États-Unis d'Amérique... Lorsque vous pourrez voir l'impératrice Marie-Louise, entretenez-la des sentimens que j'ai toujours eus pour elle; recommandez-lui mon enfant, qui n'a d'autres ressources que de son côté.... En imprimant mes campagnes d'Italie et d'Égypte, et mes autres manuscrits, on les dédiera à mon fils, ainsi que les lettres des souverains, si on les trouve. On se les procurera sans doute aux archives, et la vanité

nationale ne peut que gagner beaucoup à cette pu-
blication. »

Les jours qui précédèrent la mort de l'empereur
furent plutôt employés par lui à des conversations
graves ou à des lectures édifiantes qu'au soin de sa
santé. Les deux dernières lectures qu'on lui fit, furent
les *Campagnes de Dumouriez*, lues par Marchand,
et les *Oraisons funèbres de Bossuet*, que lui lut
l'abbé Vignali, son aumônier.

Cependant, quelques lueurs d'espérance venaient briller de temps à autre aux yeux de
ses fidèles serviteurs; par moment Napoléon
reprenait toute sa vivacité d'esprit. Il souriait
en se laissant aller à ses habitudes de causeries
toujours empreintes d'un charme et d'un laisser-
aller inexprimable; mais ces bons momens duraient
peu, et bientôt il retombait dans l'engourdissement
et le marasme.

« Ah ! s'écriait-il alors, en quel état suis-je tombé!
J'étais si actif, si alerte. Naguère encore je parcou-
rais l'Europe à cheval... A peine si je puis à pré-

sent soulever ma paupière. Je ne suis plus Napoléon. »

Et il refermait les yeux, et son front se rembrunissait !

Que d'images, que de pensées profondes devaient alors traverser l'âme de ce lion aux abois !

Dans les derniers jours de mars, l'empereur souffrait déjà beaucoup. Antommarchi, en présence du docteur Arnott, chirurgien d'un des régimens anglais en garnison à Sainte-Hélène, cherchait à lui réchauffer, par des fomentations, les extrémités inférieures, atteintes d'un froid glacial.

« Laissez-moi! s'écria le malade, ce n'est pas là, c'est à l'estomac, c'est au foie qu'est le mal! Vous n'avez point de remède, point de préparations, point de médicamens pour calmer le feu dont je suis dévoré! »

Le docteur Arnott essaya de lui persuader qu'il avait le foie intact :

« Ah! ah! monsieur vous le croyez? lui dit Napoléon en jetant à l'Anglais un regard plein d'amertume. Eh bien! soit! ajouta-t-il, puisque votre Hudson-Lowe l'a décrété. »

Le ciel parut vouloir signaler au monde la perte qu'il allait faire du plus grand homme des temps modernes : une comète à longue chevelure apparut tout à coup à l'horizon de Sainte-Hélène vers les derniers jours de mars. On parla autour du lit de l'empereur de cette apparition.

« Une comète, s'écria-t-il en faisant un effort pour se dresser sur son lit; une comète! ce fut le signe précurseur de la mort de César, » ajouta-t-il encore en laissant retomber sa tête.

Cette comète devait être l'avant-coureur de l'agonie du César de la France. A compter des derniers jours d'avril, nul ne pouvait plus s'abuser sur la mort imminente de l'empereur; lui-même supporta, avec une rare énergie, le petit nombre d'heures qu'il avait encore à vivre, et, en monarque, en chrétien, il les employa à sceller sa magnifique gratitude pour les compagnons volontaires de son exil, à recevoir des mains de son aumônier les derniers secours que la religion catholique accorde à ses enfans sur le seuil de l'éternité.

« Je suis né dans la religion catholique, lui avait-il dit; je veux remplir les devoirs qu'elle impose et recevoir les secours qu'elle administre. »

Dès ce jour, la chambre de l'empereur fut fermée à tout le monde, excepté aux généraux Bertrand, Montholon et à Marchand. Napoléon arrêta ses dernières volontés et fit son testament. Lorsqu'il eut permis à Antommarchi d'entrer :

« Voilà mes apprêts, lui dit-il, je m'en vais, c'en est fait de moi; que la volonté de Dieu s'accomplisse ! »

Ces paroles avaient été aussi les dernières prononcées par le Christ mourant.

Puis il chargea son médecin de faire l'autopsie de son cadavre et de porter son cœur à *sa chère Marie-Louise.*

« Quand je ne serai plus, ajouta-t-il, vous vous rendrez à Rome; vous irez trouvez ma mère, ma famille; vous leur raconterez ma maladie et ma fin.

Vous leur direz que Napoléon est mort dans l'état le plus déplorable, abandonné des siens, manquant de tout ; vous direz à ma mère... »

Il s'arrêta : une faiblesse qui le surprit l'empêcha d'en dire davantage.

Ces deux grands actes de la vie temporelle et de la vie spirituelle accomplis, Napoléon ne pensa plus dans ses trèves de souffrance qu'aux objets de ses plus chères affections : la France, sa femme et son fils occupèrent tour à tour son esprit. Il se fit apporter le buste du roi de Rome, qu'il fit placer en face de lui, au pied de son lit, avec le manteau de drap bleu que lui, premier consul, portait à la journée de Marengo.

« Les monstres ! s'écria-t-il au plus fort d'une crise déchirante, m'ont-ils fait assez souffrir !.... Encore s'ils m'avaient fait fusiller, au moins serais-je mort de la mort d'un soldat. »

Puis, dans un transport fiévreux, son imagination ardente évoquait l'ombre de ses vieux compa-

gnons d'armes tombés autour de lui dans les batailles. Kléber, Dugommier, Joubert, Desaix, se
dressaient devant son lit de mort, il leur souriait,
il les saluait du geste et de la voix, puis tout à coup
il s'écriait :

« Ah ! la victoire se décide ! Allez, courez, pres-
sez la charge, il sont à nous !... »

Quelques jours avant cette vision héroïque, Napoléon dit à ceux de ses fidèles qui entouraient sa
couche et ne dissimulaient pas leur joie de le voir
beaucoup mieux que les jours précédens :

« Vous ne vous trompez pas, je vais assez bien
aujourd'hui, je crois même que je me sentirais de
force à faire dix lieues à cheval ; cependant je n'en
sens pas moins que ma fin approche. Quand je serai
mort, chacun de vous aura la douce consolation de
retourner en Europe ; vous reverrez vos parens, vos
amis, et moi je retrouverai mes braves aux Champs-
Élysées. Oui ! continua-t-il en haussant la voix :
Lannes, Saint-Hilaire, Bessière, Duroc, Berthier,

Masséna, Ney, Murat, tous viendront à ma rencontre ; ils me parleront de ce que nous avons fait ensemble ; je leur conterai les derniers événemens de ma vie. En me revoyant ils redeviendront fous d'enthousiasme et de gloire. Nous causerons de nos guerres avec les Scipion, les Annibal, les César, les Frédéric ; il y aura plaisir à cela, à moins, ajouta-t-il en souriant à demi, qu'on n'ait peur là-bas de voir tant de guerriers réunis. »

Le rêve de Napoléon agonisant était le complément des vœux de Napoléon éveillé.

Le docteur Arnott entra en ce moment, et quoique l'empereur se fût peu à peu affaibli, il n'en adressa pas moins au praticien anglais quelques mots sur ce qu'il avait éprouvé la veille ; puis, d'une voix entrecoupée :

« C'en est fait, dit-il, le coup est porté : je vais rendre mon corps à la terre... Approchez, Bertrand, et traduisez à monsieur ce que vous allez entendre ; surtout n'omettez pas un mot... J'étais venu m'asseoir au foyer britannique; je demandais une loyale hospitalité... Contre tout ce qu'il y a de sacré sur la terre, on m'a répondu par des fers.... J'aurais reçu un autre accueil d'Alexandre, de l'empereur François, du roi de Prusse lui-même... Mais il appartenait à l'Angleterre de surprendre, d'entraîner les rois, et de donner au monde le spectacle inouï de quatre grandes puissances s'acharnant sur un seul homme. C'est le ministère anglais qui a choisi ce rocher où se consume en moins de trois ans la vie des Européens, pour y achever la mienne par un assassinat. Et comment m'a-t-on traité depuis que je suis sur cet écueil?..... Il n'y a pas d'indignités dont on ne se soit fait une joie de m'abreuver..... Les plus simples communications de famille, celles même qu'on n'a jamais interdites à un scélérat que l'échafaud attend, m'ont été refusées... Ma femme, mon fils ne vivent plus pour moi depuis six ans; pendant six ans on m'a ainsi tenu à la torture du secret, renfermé entre quatre cloisons. Le gouvernement britannique m'a assassiné longuement, en détail, avec préméditation, et l'infâme Hudson-Lowe a été l'exécuteur des hautes œuvres... Ce gouvernement finira, un jour, comme la superbe république de Venise! Quant à moi, mourant sur cet affreux rocher, *je lègue l'opprobre de ma mort à la maison régnante d'Angleterre!* »

Le soir de cette journée, c'est-à-dire le **29** avril, après avoir bu un peu d'eau de la fontaine située à une lieue de Longwood, il se sentit plus calme et dit à ceux qui l'entouraient :

« Si la destinée veut que je vive encore quelques jours, j'élèverai un monument au lieu où cette source jaillit, en mémoire du soulagement qu'elle m'a procuré..... Si après ma mort on ne proscrit pas mon cadavre comme on a proscrit ma personne, si on ne me refuse pas un peu de terre, je souhaite qu'on ensevelisse mon corps là où coule cette eau si douce et si pure, ou bien dans la cathédrale d'Ajaccio en Corse, ou mieux encore sur les bords de..... »

Ici l'empereur tomba tout à coup en faiblesse, et la nuit qui suivit se passa dans un délire continuel. A quatre heures du matin le calme succéda à cette agitation : c'était le calme du courage et de la résignation. Une sueur froide couvrait le visage de Napoléon. Dans la journée le mal continua ses rapides progrès. Sur les quatre heures du soir ayant eu un moment de répit, il fit venir ses exécuteurs testamentaires près de son lit :

« Je vais mourir! leur dit-il avec une sorte de solennité, vous retournerez en Europe. Je vous dois des conseils sur la conduite que vous avez à y tenir. Vous avez partagé mon exil; vous serez fidèles à ma mémoire; vous ne ferez rien qui puisse la blesser. J'ai sanctionné tous mes principes, je les ai infusés dans mes lois et dans mes actes; il n'y en a pas un seul que je n'aie consacré. Malheureusement les circonstances étaient graves : j'ai été obligé de sévir, d'ajourner; les revers sont venus, je n'ai pu détendre l'arc, et la France a été privée des *ins-*

titutions libérales que je lui destinais. Elle me jugera avec indulgence ; elle me tiendra compte de mes institutions ; elle aimera à rappeler mon nom, mes victoires, le peu de bien que j'ai fait. *Imitez-la, soyez fidèles aux opinions que nous avons défendues, à la gloire que nous avons acquise : il n'y a, hors de là, que honte et confusion.* »

Le 4 mai, Napoléon était au plus mal. Le temps était affreux, la pluie tombait par torrents ; le vent détruisit toutes les plantations qui bordaient Longwood. Un seul arbre, le saule sous lequel il aimait à se reposer, résistait encore ; un tourbillon le déracina et le transporta au loin, comme si rien de ce qu'avait aimé l'empereur n'eut dû lui survivre, et cependant la violence de la tempête, le bruit de l'ouragan ne l'avaient pas tiré de l'assoupissement léthargique où il était resté plongé. Enfin, le lendemain, 5 mai 1821, anniversaire à jamais célèbre dans les annales du monde, le docteur Antommarchi annonça aux Français de Sainte-Hélène que Napo-

léon n'avait plus que quelques instans à vivre. Cette
nouvelle, bien qu'elle fut depuis long-temps prévue,
fut accueillie par le silence et la douleur la plus
profonde.

Ce dut être un spectacle sublime et touchant à
la fois, que de contempler autour du lit de l'auguste
moribond ce petit nombre de Français restés fidèles
à leur souverain, à leur père. Madame Bertrand ,
cette femme si noblement et si simplement héroïque,
était assise au chevet de la couche où se débattait
dans les dernières étreintes de l'agonie le grand
homme expirant. Les généraux Bertrand et Montholon étaient debout auprès d'elle; Marchand
et les autres serviteurs comptaient, en versant
des larmes, les dernières pulsations de son
cœur. L'abbé Vignali, à genoux devant un prie-
dieu, récitait les prières des agonisans ; l'anxiété
et le désespoir étaient peints sur toutes les physionomies; mais le respect enchaînait les larmes,
et le silence éloquent de cette scène de mort n'était

troublé que par la respiration saccadée et haletante de Napoléon, et les prières du prêtre.

L'œil de l'empereur est fixe, sa bouche est tendue. Quelques gouttes d'eau sucrée introduites par le docteur Antommarchi relèvent le pouls. Un soupir s'échappe de la noble poitrine, on renaît à l'espérance.... Tout à coup Napoléon fait un effort, il cherche à soulever sa tête : les mots *France !*.... *armée !*.... sortent de sa bouche.... Ce furent les derniers qu'il prononça.

Un instant après, il se passa une double scène que l'histoire ne manquera pas de recueillir un jour.

Madame Bertrand avait fait appeler ses enfans (sa fille Hortense et ses trois fils), pour qu'ils vinssent contempler une dernière fois leur souverain et leur bienfaiteur. Ces pauvres enfans paraissent, d'un mouvement unanime, s'élancent et tombent à genoux devant le lit de l'empereur, dont ils prennent les mains qu'ils couvrent de baisers et de pleurs. Le jeune Napoléon Bertrand ne peut dompter son émotion, il chancelle et tombe privé de connaissance ; on est obligé d'arracher du lit funèbre les jeunes amis de Napoléon.

Les assistans étaient à peine revenus de l'impression de cette scène déchirante que Noverraz, l'un des serviteurs de l'empereur, qu'une fièvre délirante retenait au lit depuis très-longtemps, apparut dans la chambre comme un fantôme, pâle, échevelé, hors de lui.

« Quoi ! s'écrie-t-il d'une voix creuse et stridente, l'empereur est en péril, et il n'appelle pas Noverraz à son secours ! Sire ! continue-t-il en fondant en larmes et en se cramponnant au pied du lit de Napoléon malgré les efforts des assistans, me voilà ! Voilà Noverraz prêt à vous défendre, prêt à mourir pour vous ! Sire ! par pitié répondez-moi ! Sire, je vous en supplie, un mot à votre pauvre Noverraz... »

N'obtenant pas de réponse, le fidèle serviteur se retourne vers les assistans et prononce ces mots avec un accent déchirant :

« Il ne veut plus me reconnaître. »

Antommarchi chercha à calmer l'infortuné, dont la raison semblait égarée il ne put y réussir, et quelques domestiques l'entraînèrent, en pleurant avec lui.

Il est six heures du soir, l'anxiété du docteur redouble. Cette main , qui tant de fois donna le signal de la victoire et dont il étudie les pulsations, s'est glacée. Le médecin Arnott, les yeux sur sa montre, compte les intervalles d'un soupir à l'autre : quinze secondes, puis trente , puis une minute s'écoulent. Au même instant le bruit du canon des forts de Sainte-Hélène annonce le coucher du soleil... Napoléon rend le dernier soupir... Sa grande âme semblait n'attendre pour s'é-chapper de son corps que ce signal formidable. L'astre du jour et Napoléon devaient s'éteindre ensemble, dans le même linceul de pourpre et de gloire ; le bronze des batailles devait saluer en même temps le départ du soleil pour un autre hémisphère, et le départ du héros pour l'immortalité.

L'empereur venait d'expirer. Antommarchi quitta la main qu'il tenait.

« Tout est fini ! » dit-il d'une voix grave.

Aussitôt, toutes ces douleurs si long-temps muettes, si péniblement contenues, se révélèrent à la fois. La chambre de Napoléon retentit de sanglots et de gémissemens ; on s'approche de ce lit sur lequel ne repose plus qu'un cadavre, et chacun veut contempler une dernière fois les traits de Napoléon, que sa longue agonie n'a cependant point défigurés : seulement ses lèvres sont entièrement décolorées, sa bouche s'est contractée faiblement, ses yeux sont éteints, son front semble calme et serein. L'abbé Vignali, qui était resté agenouillé, se leva alors, s'approcha du lit, et, d'une voix entrecoupée, fit entendre ces paroles du grand orateur sacré :

« Ainsi passe la gloire de ce monde ! »

Dans cet intervalle, le capitaine Crokett entra pour constater l'heure de la mort de l'empereur ; sa démarche se ressentait du trouble de son âme : il se retira avec respect en faisant aux assistans des excuses de l'obligation où il se trouvait de remplir sa mission. Peu après deux médecins anglais remplacèrent le capitaine. Ils posèrent la main sur le cœur de l'illustre victime et retournèrent froidement certifier à sir Hudson-Lowe que *Bonaparte était mort* ; mais la présence d'un Anglais ne devait pas souiller la chambre de Napoléon, et à des mains françaises seules devaient être confiés les apprêts funèbres de ses obsèques. On organisa sur-le-champ à Longwood une garde d'honneur, et dès ce moment, personne ne pénétra plus dans la chambre mortuaire qu'il n'y fut appelé par ses fonctions ou par la permission expresse du général Bertrand. Quelques heures après, les exécuteurs testamentaires de l'empereur prirent connaissance des deux codiciles qui, selon sa volonté, devaient être ouverts immédiatement après sa mort. Le premier de ces deux codiciles ne contenait que ce court paragraphe :

« Je désire que mes cendres reposent sur les bords de la Seine, au milieu du peuple français que j'ai tant aimé. »

Ce vœu de Napoléon mourant sera-t-il enfin exaucé un jour ?.... La France y compte !

II

Le grand homme n'était plus : l'immortalité commençait pour lui.

La dépouille mortelle de l'empereur avait été déposée sur un de ses petits lits de campagne, surmonté de simples rideaux blancs qui servaient de sarcophage ; le manteau de Marengo tenait lieu de poële funèbre. Les pieds et les mains étaient

libres : on l'avait habillé comme il avait coutume
de l'être au temps de sa puissance ; c'est-à-dire
qu'il était revêtu de l'uniforme de colonel des chasseurs de sa garde, décoré du grand-cordon de la
Légion-d'Honneur. Il avait à son côté son épée de
bataille, la même qu'il portait à Austerlitz, à Wagram, à Moscou, à Dresde, à Montmirail, à Waterloo. Un crucifix était posé sur sa poitrine ; à ses
pieds était le vase d'argent dans lequel son cœur
avait été conservé ; à droite, derrière sa tête, était
un autel devant lequel l'abbé Vignali, en habits
sacerdoteaux, récitait les prières. Toutes les personnes qui avaient appartenu à la maison de l'empereur, habillées de deuil, se tenaient debout à
gauche ; Antommarchi et le médecin anglais veil-
laient sur le cadavre.

Les domestiques de Longwood ayant les premiers rompu le silence, bientôt le bruit de la mort
de Napoléon se répandit dans l'île, et bientôt toutes
les avenues qui conduisaient à l'habitation furent

couvertes de curieux : Européens, Asiatiques, Américains, traficans d'Éthiopie, du Japon, des Indes et de l'Océanie, marins de la Norwège, de la Suède et du Danemarck, tous se joignirent aux indigènes et aux soldats anglais pour aller rendre un dernier hommage au héros. A voir la tristesse peinte sur toutes ces physionomies basanées, noires, blanches et cuivrées, on aurait pu croire que chacune de ces races d'hommes avait perdu son monarque. On eût dit que la Providence, en permettant à celle foule d'individus de tant de natures et de tant de climats divers de se trouver rassemblés sur le rocher de Sainte-Hélène en ce funèbre moment, voulait montrer d'une manière éclatante ce que le génie du grand homme devait conserver de puissance sur le monde entier.

L'ordre dans lequel chacun était admis dans la chambre ardente avait été ainsi réglé. Les officiers anglais des 20ᵉ et 66ᵉ régimens furent d'abord admis ; puis les sous-officiers, puis tous les étrangers, et enfin les habitans de l'île. Cette triste scène se passa dans le plus religieux silence. Des larmes coulaient de tous les yeux, des sanglots étouffés s'échappaient de toutes les poitrines : on vit même des esclaves éthiopiens se prosterner devant le lit de l'empereur. Un rescrit du gouverneur avait défendu aux femmes les abords de Longwood ; mais celles-ci ne tinrent aucun compte de la défense. Bravant l'autorité de Hudson-Lowe et les fatigues d'une longue course, elles arrivent, se mêlent à la foule toujours croissante des visiteurs, et impriment à cette solennité funèbre un cachet qu'aucun pinceau, qu'aucune plume ne sauraient ni peindre ni retracer.

Le cercueil qui devait recevoir les dépouilles mortelles fut apporté dans la chambre mortuaire quarante-huit heures après l'exposition du corps sur le lit de parade. Ce cercueil était composé de trois caisses, une de plomb, une de ferblanc et une d'acajou. Le corps fut déposé tout habillé dans la caisse de plomb. Le vase d'argent contenant son cœur, malgré le désir qu'il avait exprimé (il devait être porté à l'impératrice Marie-Louise), fut placé dans un des angles de cette caisse, garnie d'une espèce de matelas et d'un oreiller recouvert de satin blanc. Le chapeau n'ayant pu, faute d'espace, rester sur la tête du mort, fut mis à ses pieds. On déposa aussi dans cette première caisse un aigle en argent avec une pièce d'or et d'argent de chaque monnaie frappée à son effigie, le couteau et le couvert dont Napoléon se servait habituellement, ainsi qu'une assiette et quelques objets qu'il affectionnait. On ferma cette caisse, et après qu'elle eut été soudée avec soin, on la passa dans celle de fer-blanc, qui fut elle-même posée dans la troisième caisse, celle d'acajou, qu'on ferma et qu'on scella avec des vis de cuivre. Le manteau de Marengo servit encore de drap funèbre à ce cénotaphe, et un crucifix d'argent fut fixé sur le milieu du cercueil qu'aucune inscription funéraire ne surmonta et qui ne fut entouré d'aucun luminaire.

Les officiers de l'empereur avaient commandé le jour même de sa mort à un graveur de l'île une plaque d'argent destinée à être placée sur son cercueil. Déjà l'artiste avait figuré sur la plaque cette simple et modeste inscription :

NAPOLÉON,

Né à Ajaccio

Le 15 août 1769 ;

Mort à Sainte-Hélène

Le 5 mai 1821.

Mais Hudson-Lowe, instruit de cette disposition, déclara au comte Montholon, qu'il s'opposait formellement à cette disposition.

« Général, avait-il ajouté, mes instructions me font un devoir de ne pas le permettre ; c'est tout au plus si mon gouvernement tolérerait qu'on inscrivît ces mots sur le cercueil : *Le général Bonaparte.* »

A cette déclaration, le général s'était récrié.

« C'est une horrible vexation ! avait-il dit au

gouverneur. Il est infâme de poursuivre ainsi la victime jusqu'au-delà du tombeau ! »

Mais le geôlier de Saint-Hélène fut inébranlable ; la pierre même qui devait recouvrir la fosse, ne reçut aucune épitaphe. Le gouvernement anglais, qui avait prévu la mort de l'illustre prisonnier, avait défendu à son représentant de laisser rien inscrire sur la pierre tumulaire, dans la crainte qu'un mot ou le moindre emblème vînt à rappeler aux vivans le souvenir de l'homme qui avait laissé tant d'ineffaçables traces de sa puissance depuis les Pyramides jusqu'au Kremlin.

Le 8 mai avait été le jour choisi pour les funérailles. Un peu avant que le funèbre cortège partît de Longwood, pour la vallée où devait être inhumé l'empereur, Hudson-Lowe, qui était arrivé le matin, s'approcha de quelques personnes qui avaient appartenu à la maison de Napoléon, et déplorant devant eux la perte qu'ils venaient de faire, leur dit qu'elle était d'autant plus cruelle pour lui que son

gouvernement lui avait paru revenir à de plus to-
lérantes dispositions à l'égard du captif. « Enfin,
ajouta-t-il avec une certaine émotion, j'étais chargé
de faire connaître au général Bonaparte, que l'instant approchait où la liberté allait lui être rendue
pour lui permettre de vivre comme il l'avait tant
desiré, soit en Angleterre, soit en Amérique.
S. M. Georges IV ne demandait pas mieux que de
mettre un terme à cette cruelle réclusion. Il souffrait de voir un homme qu'il estimait et qu'il admi-
rait, soumis à un régime dur et humiliant, et il
voulait être un des premiers à améliorer le terme
de ses souffrances. Mais hélas! maintenant qu'il est
mort, il ne nous reste plus qu'à lui rendre les derniers devoirs ainsi que les honneurs militaires qui
sont dus au grand capitaine et au plus illustre soldat de notre siècle. »

Ces tardives promesses d'un meilleur avenir,
cette apologie plus tardive encore, étaient bien dignes de l'implacable gouvernement anglais. Les

amis de l'empereur ne répondirent à la harangue de Hudson-Lowe, que par un sourire de pitié et de mépris ; et tout bas ils répétèrent ces mots terribles que Napoléon n'avait cessé, du haut de son rocher, de jeter à la face de ses persécuteurs : *Je lègue l'opprobre de ma mort à la famille régnante d'Angleterre* !

Cette matinée du 8 mai était magnifique. Le soleil semblait avoir voulu illuminer le firmament pour l'apothéose du héros ; la mer était calme et majestueuse. Une immense population couvrait toutes les avenues ; des corps de musique couronnaient les hauteurs ; les sourds roulemens du tambour étaient entrecoupés par la lugubre explosion du tam-tam.

Il était midi : des grenadiers anglais saisissent le cercueil, le soulèvent avec peine, et parviennent à force de bras à le transporter dans la grande allée du jardin, où l'attend le corbillard. Placé immédiatement sur le char, le cercueil est recouvert du manteau de Marengo, et le cortège se met en marche dans l'ordre suivant :

L'abbé Vignali, revêtu de ses ornemens sacerdotaux ; le jeune Henri Bertrand, marchant à ses côtés et tenant un bénitier d'argent ; le docteur Antommarchi et le médecin anglais Arnott ; puis venait le corbillard, traîné par quatre chevaux et escorté par douze grenadiers anglais, sans armes ; puis le jeune Napoléon Bertrand et Marchand, sur les côtés du corbillard ; puis les comtes Bertrand et Montholon, à cheval ; puis les serviteurs de la maison de l'empereur ; puis la comtesse Bertrand avec sa fille Hortense, dans une calèche attelée de deux chevaux, conduits à la main par des domestiques, qui marchent de chaque côté de la calèche pour la garantir des précipices qui bordent la route ; puis le cheval de l'empereur caparaçonné de noir et conduit par Archambault ; puis les officiers de marine, à pied, et les officiers anglais de l'état-major, à cheval ; puis le contre-amiral et le gouverneur, également à cheval ; et enfin les marins des navires en rade à Sainte-Hélène, et les habitans de l'ile.

Le cortège sortit de Longwood dans cet ordre, passa devant le grand corps de garde, et trouva toute la garnison au nombre de 2,500 hommes, rangée sur la gauche de la route qu'elle occupait jusqu'à Huts-Gatt. Les divers corps de musique placés de distance en distance, exécutaient des hymnes funèbres. Les troupes se repliant au fur et à mesure que le char avançait, le suivirent jusqu'au lieu de la sépulture, les dragons en tête. A la suite du char, marchaient les 20ᵉ et 66ᵉ régimens d'infanterie, les soldats de la marine, les volontaires de Sainte-Hélène, et enfin le régiment de l'artillerie royale avec douze pièces de campagne, les canonniers à leurs pièces, mèche à la main et prêts à faire feu.

A un quart de lieue au-delà de Huts-Gatt le corbillard s'arrêta. Les troupes firent halte et se rangèrent en bataille le long de la route. Les douze grenadiers anglais prirent alors le cercueil sur

leurs épaules et le portèrent ainsi jusqu'au lieu de
la sépulture, en suivant une route nouvelle qui avait
été pratiquée tout exprès sur le flanc de la monta-
gne. Ceux qui étaient à cheval mirent pied à terre.

La comtesse Bertrand et sa fille descendirent de
calèche, et le cortége suivit le corps sans observer
aucun ordre de préséance ; cependant les comtes
Bertrand et Montholon, le jeune Napoléon Bertrand
et Marchand tenaient les quatre coins du poële. Le
cercueil fut déposé sur le bord de la fosse, près de
laquelle on apercevait les cabestans qui devaient
servir à le descendre. Dès ce moment un silence
morne régna dans cette foule immense : généraux
et soldats, Français et Anglais, citoyens de toutes
les nations, tous étaient pénétrés d'une émotion
profonde. On découvre le cercueil : l'abbé Vignali
s'approche, récite la dernière prière, jette la pelle-
tée de terre symbolique sur le corps ; les câbles se
dressent ensuite, la poulie tourne, un son rauque
se fait entendre : Napoléon repose sur le rocher de

Sainte-Hélène, les pieds tournés vers l'orient, la tête vers l'occident, et sa gloire partout.

Alors l'artillerie de terre résonne, le bronze du vaisseau amiral lui répond en rade ; jamais les échos de l'ile n'ont retenti de si formables détonnations. Ces salves annoncent au monde que Napoléon a quitté son lit d'agonie pour son lit funèbre, comme autrefois il avait quitté sa simple demeure pour le palais de Louis XIV.

Un anneau de fer aux armes de la Grande-Bretagne tient encore les dépouilles du grand homme ; mais tous ceux qui ont été témoins de ses obsèques, Français, Anglais, Russes, Japonais, Américains, Suédois, Indiens, tous se sont élancés de Sainte-Hélène et sont allés, apôtres nouveaux, raconter à leurs nations la mort et les funérailles de l'homme qui fut la gloire, non seulement de la France, mais du monde entier.

Maintenant rien ne trouble plus le silence de cette

tombe abritée par un saule, près de laquelle tous les soldats du monde devraient venir s'agenouiller au moins une fois en leur vie, comme tous les vrais croyans devant le tombeau de Mahomet, si ce n'est le pas du soldat anglais, qui veille en tremblant encore sur le mort qui dort à ses pieds.

FIN DU QUATRIÈME ET DERNIER VOLUME.

TABLES.